みんなで共創する
持続可能な
ライフスタイル

未来の授業

SDGs ×
ライフキャリア
探究BOOK

監修／佐藤真久
編集協力／NPO法人ETIC.

はじめに

SDGsは、大きな国も小さな国も、企業もNPO／NGOも学校も、友だちも家族も地域住民も力を持ち寄り、よりよい未来をつくろうという国際プロジェクトです。地球上にある豊かな自然や資源を未来に残し、誰一人取り残すことなく幸せに暮らせる世界をつくるために、世界中の人たちが取り組んでいます。

けれども、SDGsで言われている17の目標をなかなか自分ごととして捉えることが難しいと思っている人も多いかと思います。このSDGsの自分ごと化に向けて、「未来の授業シリーズ」は制作されています。

インド独立運動の父と呼ばれるマハトマ・ガンジーは、「Be the Change You Want to See in the World」と述べ、地球に住む一人ひとりが自分ごととして社会の問題を捉え、変化の担い手になることの重要性を指摘しました。ぜひ、本書を通してさまざまなアイデアと取り組み事例にふれ、多様な人が活き、活かされる社会を模索しつつ、変化の担い手として、これからのみなさんのチャレンジに活かしてください。本書は、企業、学校の先生、国際協力団体、NPO／NGO、大学、クリエイター、デザイナーなどの多様な力を持ち寄りつくられました。このすばらしい国際プロジェクトに参加をして、一緒によりよい未来をつくっていきませんか。

東京都市大学大学院 環境情報学研究科 研究教授

佐藤真久

登場人物紹介

「未来の授業 SDGs×ライフキャリア探究BOOK」は、けんた、ゆみ、アレックス、みのりの4人を中心にストーリーが進んでいきます。4人は仲良しですが、性格や好きなこと、考え方などが異なります。つまり、4人はそれぞれ自分らしい"道のり"で成長していくんです。みんなはどの登場人物に似ているかな？

けんた

直感・行動タイプ

サッカーやゲームなど、とにかく楽しいことが大好きな男の子。誰とでも友だちになれる明るい性格で、持ち前の積極性を発揮して新しいことにチャレンジするのが得意。実家は魚屋で、地元の交友関係も広い。

ゆみ

アイデア実践タイプ

自分らしいおしゃれに夢中な、2つの国にルーツを持つ女の子。柔軟な発想力を活かしてアイデアを生み出すのが得意。みんなをまとめるお姉さん的な一面もあり、社会で活躍するかっこいい女性が憧れ。

SDGs博士

どこからともなく現れては、4人にSDGsや社会課題についてレクチャーと問いかけをする謎の博士。

みのり

価値・意義重視タイプ

もの静かなおっとり系女子。本が好きで、自分の中でいろいろと想像を膨らませていくのが得意。一見おとなしいが、芯の強い一面も。人の気持ちに敏感で、寄り添うやさしさを持っている。

アレックス

理論派タイプ

アメリカ人の両親をもつ理論派男子。抽象的な思考が得意だけど、考え過ぎてしまう性格が悩み。「医者になって人助けがしたい」という目標に向かって日々勉強中。

目次

- はじめに …………………………………………………………… 03
- 登場人物紹介 ……………………………………………………… 04
- SDGsチャレンジストーリー 第1話 ……………………………… 10
- 本書の使い方 ……………………………………………………… 16

第1章 SDGsについて知ろう …………………………… 19

- SDGsってなんだろう？ ………………………………………… 20
- SDGsはどうして生まれたの？ ………………………………… 22
- より良い世界をつくるためのSDGs「17の目標」 …………… 24
- 「17の目標」がつながり合うことで、課題はどんどん解決していく …… 26
- 「持続可能なライフスタイルの共創」ってどういうこと？ ……… 28
- 環境負荷が高い産業から取り組もう …………………………… 30
- 私たちが消費者としてできることはなんだろう？ ……………… 31
- 日本が抱えているこれから解決すべき課題たち ……………… 32

第2章 身近な問題から考えよう ………………………… 35

- SDGsチャレンジストーリー 第2話 ……………………………… 36

やり直しづらい日本社会 ………… 40 一度の失敗が命とり？現代社会はハードモード	日本が一歩先ゆく超高齢化社会 ……… 43 お年寄りが増える日本は世界一の高齢化先進国
先進国なのに高い相対的貧困率 … 41 お金がない世帯は健康も進学もかなわない？	チャンスに変わるか？人口減少 …… 44 日本の人口が減るといまの生活を維持できない？
日本でも起きている食料問題 …… 42 肉や魚が食べられない未来がそこまで来ている！	マイノリティの人々の幸せ向上 …… 45 性別、価値観に関係なく自分らしくいられる社会へ

膨れ上がる社会保障費 …………… 46
安心して暮らすために"国のお金"をどう使う?

安心して出産し子育てできない社会 … 47
子育てしやすい社会が少子化の解決のカギに

希薄化・孤独化するコミュニティ … 48
一緒にいても孤独を感じる人がいる

延ばしたい健康寿命 ……………… 49
元気で長生きするためにできることは何?

創造力を高める教育の拡大 ……… 50
AIが活躍する未来では人間は何をしている?

じわじわ広がる教育格差 ………… 51
生まれた家や地域によって教育に差が生まれる?

日本は真のスポーツ大国になれるか … 52
体力低下やイライラは運動不足が原因かも?

世界が注目する水資源問題 ……… 53
水が使えるって当たり前?水不足になる可能性も…

持続可能なエネルギーの実現と普及 … 54
私たちが使う電気は外国の資源でできている!

出番を求める人々に活躍の機会を … 55
働きたくても、思うように力を発揮できない人がいる

解放せよ組織内リーダーシップ …… 56
年齢や立場に関係なくリーダーになれる時代へ

専門職が力を発揮できない職場環境 … 57
専門職の人たちがスキルを発揮できる環境を

伝統文化・技術をどう継承するか … 58
「日本らしさ」は継承しないと消えてしまう

日本中に眠る未利用資源 ………… 59
身近な自然から人まで!?眠れる資源を活かせ

老朽化が進むインフラ …………… 60
まちの大事なインフラである道路や橋はもう限界!?

自然災害大国日本 ………………… 61
災害が多発する国だから日常でも防災意識を

見直したいローカル経済 ………… 62
地域が元気になれば日本全体に元気が生まれる!

復活できるか水産王国日本 ……… 63
漁獲量減少に漁師不足…水産王国の行く末は?

止まらない気候変動 ……………… 64
猛暑や大雨などの異常気象は人間の活動が招いている

非効率すぎる政治・行政 ………… 65
政治の世界が変わらないと日本は良くならない?

社会づくりに参加しやすく ……… 66
生きやすい社会はみんなでつくる

時代に合わせた幸せの模索と実現 … 67
夢や希望を描いた先に自分らしい人生がある

くい止めたい不信と不和の連鎖 …… 68
戦争により子どもたちの未来が奪われている

グローバルでつながる経済の課題 … 69
「自分さえ良ければいい」ではもうやっていけない

高ストレス型社会からの脱却 …… 70
不安、中傷、孤独感…ここから解放されるには?

〈コラム〉日本の課題をもっと知ろう、解決のアイデアをみんなで共有しよう! …… 71
〈コラム〉ファッションの未来を示したパリでの提案 ……………………………… 72

第3章 課題を解決する取り組みを知ろう！ … 73

- SDGsチャレンジストーリー 第3話 ……………………… 74
- 〈事例紹介〉七五三・成人振袖支援プロジェクト …………… 78
- 〈事例紹介〉坂本デニム ………………………………………… 79
- 〈事例紹介〉千葉県立成田西陵高等学校園芸科 ……………… 80
- 〈事例紹介〉Curelabo（キュアラボ） ………………………… 81
- 〈コラム〉「足るを知る経済」…………………………………… 82

第4章 課題解決に挑む企業にインタビュー …………… 83

- SDGsチャレンジストーリー 第4話 ……………………… 84
- 〈PR〉
- アイジーコンサルティング …………………………………… 86
- 赤塚植物園グループ …………………………………………… 88
- ENEOS Xplora（エネオス エクスプローラ）………………… 90
- キャロウェイゴルフ …………………………………………… 92
- ザ・サウザンド京都（京阪ホテルズ＆リゾーツ）…………… 94
- J:COM（ジェイコム）………………………………………… 96
- 田中鉄工 ………………………………………………………… 98

日本特殊陶業 ……………………………………………………………… 100

バンダイナムコグループ ………………………………………………… 102

ライオン …………………………………………………………………… 104

伊勢半 ……………………………………………………………………… 106

イチケン …………………………………………………………………… 107

SWCC ……………………………………………………………………… 108

ダーツライブ ……………………………………………………………… 109

東芝テック ………………………………………………………………… 110

とんかつ まい泉 ………………………………………………………… 111

ロッテ ……………………………………………………………………… 112

企業担当者さんのお仕事インタビュー ………………………………… 113

SDGsチャレンジストーリー 最終話 …………………………………… 116

SDGs未来会議チャンネル紹介 …………………………………………… 122
サステナブルファッションをもっと知りたい人のために …………… 123
教材としての本書の活用方法 …………………………………………… 124
本書で取り扱っている問いとその背景 ………………………………… 128
ライフキャリア／SDGs関連書籍・教材・ウェブサイト ……………… 135
参考書籍＆教材の紹介 …………………………………………………… 137
監修・編集協力・寄稿者 ………………………………………………… 138

SDGsチャレンジストーリー第1話

本書の使い方

「未来の授業 SDGs×ライフキャリア探究BOOK」は、SDGsについて、そして私たちに身近な日本の社会課題について知ることができる書籍です。さまざまな社会課題の解決を目指して活動するNPOや企業の取り組みを知ることができます。

第2章　身近な問題から考えよう　P40-P70

紹介する社会課題

SDGsってほかの国の話だと思ってない？日本にも社会課題はいっぱいあるよ。

課題に関連するデータやニュースを紹介するよ。みんなも調べてみたら、知らなかった驚きの情報が見つかるかも？

2　身近な問題から考えよう

 やり直しづらい日本社会

 くわしくはこちら

課題についてのもっとくわしい内容

一度の失敗が命とり？現代社会はハードモード

日本は"再挑戦が難しい国"といわれています。会社が倒産したり、自己破産したりしても"自己責任"とみなされ、苦しい生活から抜け出すのはとても大変です。これでは思い切った行動ができなくなり、失敗から成功のヒントを得るチャンスもなくなってしまいます。失敗を恐れずチャレンジできる社会にしていかなければなりません。

課題の基本情報

自分の身の回りで思い当たることはあるか、考えながら読み進めてほしいな。

日本の企業のほとんどが中小企業。そこで働き続けられるようにするために、特にコロナ禍で経営状態が悪化した中小企業に対して、事業やお金についてのアドバイスをして再挑戦を支える制度が活用されているよ。

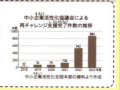

中小企業活性化協議会による再チャレンジ支援完了件数の推移

中小企業活性化全国本部の資料より作成

この課題をもっと知るためのデータやニュース

📖 考えてみよう＆やってみよう！

① この課題がどのSDGsにかかわってくるのか考えてみよう。

② 今日、求援力(相手の助けを求める力)と受援力(相手からの助けを受け入れる力)が求められている。このふたつの力は何を意味しているだろうか？議論してみよう。

③ 将来の職業を選択し、生涯にわたって仕事をすることだけがキャリアではない。自分のライフステージで多様な側面を持つ、ライフキャリアについて考えてみよう。

この課題をさらに深く考えるためのヒント

答えはひとつじゃないよ！自分の意見を話して、みんなの意見を聞いて、新しい考え方を見つけよう！

そしてこの書籍のもう一つのテーマが「ライフキャリア」。みんなが大人になった時、社会のなかで、周りの人たちとどうかかわりながら、自分らしい役割を果たしていくのか。この本は、きっとそのヒントになるはずです。けんた、ゆみ、アレックス、みのりという個性豊かな4人と一緒に、みんなも自分だけのライフキャリアを考えてみましょう！

第3章　課題を解決する取り組みを知ろう！　P78-P81

取り組みを行っている
団体やプロジェクト名

どのような課題に取り組んでいるのか、意識して読んでみよう！

活動内容の解説

一生に一度の晴れ舞台を誰もが体験できる社会に

七五三・成人振袖支援プロジェクト

どんな事情の子どもにも七五三や成人式のお祝いを！

日本には、七五三など成長の節目に晴れ着を着てお祝いをし、この先の幸せを願う文化があるよね。でも、児童養護施設や母子生活支援施設、障がい者施設などにいる子どものなかには、親と暮らしていない、生活に余裕がない、車椅子で着物がうまく着られない…などさまざまな理由でお祝いをされる機会のない子どもたちもいる。NPO法人きもの笑福では、そんな子どもたちに、着物の貸し出しや着付け、撮影をしてアルバムをプレゼントする活動をしているんだ。七五三だけでなく成人式でも同じように、全国の施設を一つひとつ訪ね、振袖の着付けをしている。一生に一度の晴れ舞台を心を込めて祝うことで、その人の人生の力になりたい、その後もいろんなことに挑戦する力になってほしい。そんな気持ちが込められているんだよ。

この活動のきっかけは、10年前にある中学校で行った浴衣の講座でした。その学校は児童養護施設の子どもが多く、浴衣や七五三の着物を着たことがない子が多かったんです。そこから着付け学校の仲間と話し合い、この活動を始めました。
みんなにお祝いしてもらうって、うれしいことですよね。着付けに行くと、最初はみんなちょっと不安な顔をしていますが、いつもと違う装いになることで、だんだん笑顔が出てきます。それを写真に収めてアルバムにして渡すことで、「祝われた」という思い出を残したいんです。学ぶこと、楽しむこと、そして祝われることは誰もが平等であるべき。そんな理念を持って活動しています。
最近は「自分の使った振袖を使ってほしい」と寄付してくださる方も増えました。応援してくれる人の思いも一緒に、これからも活動を続けていきます。

NPO法人きもの笑福
理事長
鎌田 弘美さん

どんな思いで活動しているのかを聞いているよ。

インタビュー・
読者へのメッセージ

着物って、誰かの人生を応援できる力もあるんだね…！鎌田さんは、子どもの時から着物が好きで、クラスのみんながドラマを見ていた時も、自分は時代劇を見ていたんだって。その「好き」を大事にし続けたことが、いまの活動につながったんだね！

78

17

第4章 課題解決に挑む企業にインタビュー　P86-P112

> 企業の仕事内容や商品、その企業ならではの考え方を紹介するよ。

企業名

企業の基本情報

〈PR〉

WELCOME　イチケンからの取材招待状

経営企画室
清水 麻衣子さん

建設現場から出るゴミを最小限に！
徹底した分別ルールを取り入れているよ。

Q　イチケンさんは何をしている会社なの？

スーパーマーケットやショッピングセンターなどのお店からホテル、スポーツクラブ、マンションまでたくさんの建物を作っているよ。環境にやさしい技術を使って人と未来に寄り添いながら、街づくりのお手伝いをしているんだ。

商業施設の建築を数多く手がけています。写真は東京都豊島区の「アイテラスANNEX」。

Q　イチケンさんのSDGsアクションは？

**分別方法が一目でわかる容器や看板を設置
建設現場での温暖化対策**

建設現場からは、木材や金属の端材、廃プラスチックなどさまざまなゴミが排出されるんだ。これらのゴミを品目ごとに分別してリサイクルすることで、廃棄量を減らして資源を有効活用できる。エネルギーの節約やCO2の発生削減にもつながるよ。分別ルールが一目でわかるよう工夫した容器や看板で、現場で働くたくさんの人に伝わりやすくしているよ。

素材別に分けられたリサイクル容器が並ぶ。

建設現場ではパトロールを行いゴミ分別を徹底しているよ。

活動に関係するSDGs

取材の感想

1年間の建設業の産業廃棄物の排出量は約8,094万トン*1。その量は25mプール約22.5万杯分！*2でも、分別してリサイクルに回せれば、その分をゴミでなく資源として次につなげられるよね。私も家や学校で、負けないくらい分別するぞ！

*1. 環境省「産業廃棄物の排出・処理状況（令和3年度実績）」より　*2. 深さ1.2m、長さ25mとした場合

公式ホームページはこちら：https://www.ichiken.co.jp/

107

取り組んでいるSDGsの活動

> それぞれの企業が、自分の得意分野を活かして、どんな社会課題に取り組んでいるのか見てみよう！

18

第1章
SDGsについて知ろう

SDGsってなんだろう？

SUSTAINABLE DEVELOPMENT GOALS

Sustainable　**D**evelopment　**G**oal**s**
　持続可能な　　　　開発　　　　　目標

SDGsは「Sustainable Development Goals（持続可能な開発目標）」を略した言葉です。これは世界共通の言葉で、2030年の世界をより良いものにすることを目的に生まれたプロジェクトです。地球上にある豊かな自然や資源を未来に残し、誰ひとり取り残すことなく幸せに暮らせる世界をつくるために、世界各国の人たちが取り組んでいます。

SDGsの中にファッションにかかわる課題もあるのかな？

私がSDGsについて解説していくから一緒に探してみよう！

SDGsについて知ろう

SDGsの主人公は、2030年を生きる君たちだ！

SDGsが目指すのは、2030年のより良い未来。ということは、2030年の社会を担っているみんなが取り組むべき目標なのです。豊かな社会を実現し、さらにその先の未来へバトンを渡すためにも、いまからみんなでSDGsを学び、身近なところから地球のためになる小さな一歩を踏み出そう！

 ## 「持続可能な開発」ってどういうこと？

いまある問題を抱えたままだと、明るく楽しい未来はやってこないということだね！

1987年に「環境と開発に関する世界委員会」が発表した内容では、「将来の世代のニーズを満たす能力を損なうことなく、今日の世代のニーズを満たすような開発」と説明しています。そして、環境、経済、社会・文化という3つの領域において、将来に向けて開発を進めていくことが重要だと位置づけています。なぜなら、現在の私たちの生活と同じくらい豊かな生活を、次世代の人々も同様に送る権利があるからです。「自分さえ良ければ、いまさえ良ければそれでいい」という考えはいけません。この地球の中で、いまの時代を生きる人々の間にある格差や差別をなくし、すべての人が豊かな暮らしを送ることができる社会を実現しつつ、未来の世界を生きる人々が幸せな暮らしを送るための準備もしなければならないのです。

SDGsはどうして生まれたの？

この世にひとつしかない地球を未来へ

人類はここ100年の間に急速に発展をとげました。そのおかげで世界各地では便利な生活を送ることができています。その一方で地球温暖化や、森林や石油や魚といった資源の減少が進んでいます。さらに今日では、社会全体がVUCA（変動性、不確実性、複雑性、曖昧性）の特徴を有しており、既存の枠組みでは、十分対応できません。地球はひとつしかありません。人間やそれ以外の生き物も快適に暮らせる地球を未来に残すべく、みんなで行動するための"目標"としてSDGsが生まれたのです。

SDGsは2010年代に世界が直面することになった新しい課題から生まれたんだ

誰ひとり取り残さない世界をつくる

SDGsの取り組みには、人を守るための目標もたくさんあります。SDGsは2000年開催の国連サミットで生まれた「MDGs（ミレニアム開発目標）」からの思いを引き継ぎ、飢餓や性別・人種差別、教育格差、気候変動、生物多様性の喪失といった世界の課題を解決することを目指しています。大きな国でも、小さな国でも、地球上に生きるすべての人が幸せな人生を実現できる社会づくりをSDGsは後押ししていきます。

みんなで協力して取り組もう！

SDGsは地球に住むすべての人が取り組むべき目標です。その取り組み方は無限大！一人ひとりが目標を持って身近なことから変えていったり、友だちと一緒に行動を起こしたり、企業や自治体、NPO／NGOなどでは協力し合いながら、大きな課題に取り組んでいます。さまざまな人たちが力を持ち寄り、連動して課題解決に取り組むことで、未来は確実に変わっていくのです。こうした「協働」の考え方は大きな動きとなり、着実にSDGsは世界中に広まっています。

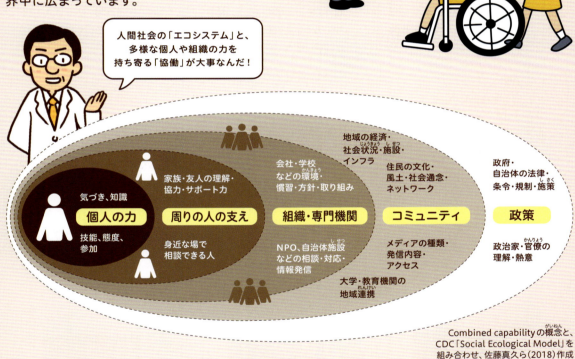

Combined capabilityの概念と、CDC「Social Ecological Model」を組み合わせ、佐藤真久ら（2018）作成

次のページでは、SDGsの「17の目標」を紹介します。「17の目標」にはそれぞれ細かくターゲットが設定されており、その数はなんと169個！誰ひとり取り残さない世界をつくるためにも、さまざまな課題を解決する必要があります。

国連による「17の目標」解説はこちら

より良い世界をつくるための SDGs「17の目標」

1 SDGsについて知ろう

世界には少ないお金で生活している人がたくさんいます。十分な食事や教育、医療（いりょう）サービスを受けることができる社会づくりが必要です。

世界ではたくさんの子どもが栄養不良に苦しんでいます。また、世界の人口は増加しており、世界中の人々が食べ続けられる食料を確保しなければなりません。

子どもから高齢（こうれい）者まで、すべての人が健康的な生活を送るための医療施設（いりょうしせつ）・サービスを世界中に広めていく必要があります。

地球温暖化につながるCO₂を増やさず、持続可能な電力を確保するために、太陽光や風力などの再生可能エネルギーを普及（ふきゅう）させる必要があります。

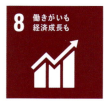

人々の幸せな生活やお金を稼（かせ）ぐための仕事を保つためには、持続的に経済を成長させるための施策（しさく）を打ち続けなければなりません。

道路やインターネット、電力などの現代の生活に必要なインフラを世界中に普及（ふきゅう）させるとともに、新たなインフラ技術の開発が進んでいます。

地球温暖化や海面上昇（じょうしょう）などの気候変動は地球規模の問題です。地球に暮らすすべての人が、気候変動を抑（おさ）えるための行動を起こす必要があります。

みんなの食卓（しょくたく）に並ぶ魚や貝は、海が育む資源です。未来に海洋資源を受（う）け継ぐためには、豊かな海を守る取り組みを広めなければなりません。

世界中にある森林は徐々（じょじょ）に減少していますが、生物の多様性や貴重な天然資源を守るために、さまざまな森林保全対策が進められています。

SDGsは、世界中で解決しなくてはいけない問題を17個の目標にし、2030年までに達成しようと世界規模で取り組んでいるプロジェクトです。自然環境、人間社会、そして経済開発にかかわる目標があり、それぞれが関係しあっています。

学校に通うことができない子どもの数は約3億300万人。発展途上国を中心として学校の建設や先生の育成などが進められています。

現代社会における女性は差別や暴力に苦しんでいます。そのため、性別にかかわらず誰もがいきいきと働いたり勉強したりできる社会づくりが求められます。

水不足や水質汚染による病気を解消するために、すべての人がきれいで安全な水を確保する取り組みが広まっています。

先進国と発展途上国、富裕層と貧困層の間には、収入や生活環境などにおいて大きな格差があり、平等に幸せになれる社会づくりが求められています。

現代社会では都市部に人口が集中し、人口が増え続けています。環境を守りつつ、充実したインフラをすべての人に提供する仕組みづくりが必要です。

限られた資源を未来に残すためには、資源を無駄なく有効活用してものを作り、使う人も、ものを大切に使い続けるための意識を持つことが大切です。

世界の平和を乱す暴力や人身売買は大きな問題になっています。発展途上国を中心に、個人の権利保護や犯罪抑制に向けた取り組みが求められています。

地球規模の課題を解決し、持続可能な社会をつくるためには、国・企業・地域レベルで協力し合い行動することが重要です。

SDGs博士と一緒に17の目標を学べる動画がここから見られるよ！

1 SDGsについて知ろう

「17の目標」がつながり合うことで、課題はどんどん解決していく

17の目標はそれぞれがかかわり合いながら、課題の解決に向かって進んでいきます。つまり、ひとつの目標に取り組むと、自然とほかの課題解決にも役立つということ。この働きにより、より良い世界を実現することができるのです。

SDGsは世界を良くするための「入り口」や「架け橋」になるんだね！

テーマの統合性

17の目標は、それぞれ内容が異なっているように見えますが、そうとは限りません。目標の中には、ほかの目標と共通する課題を持つものもあります。関連する目標同士はお互いにかかわり合いながら、理想とする社会を実現していくのです。

健康的な生活を送り、心身ともに成長できる

女性も男性も自由に職業を選択できる社会になる

複数の課題が解決され、ひとつの理想が実現する。幸せな社会づくりはとてもすごいことなんだ！

みんなが夢の実現につながる勉強ができる

国籍や立場、属性、思考に関係なく、幸せな生き方を選べる

同時解決性

自然や社会のためになる活動に取り組んだ場合、複数の目標を同時に解決することができます。なぜなら、17の目標にある課題は関連し合っているからです。ひとつの活動でいくつもの課題を同時解決できる、まさに一石二鳥の特徴があるのです。

パートナーシップ

個人や組織単体の力だけでは17の目標は達成できません。多くの人々が社会に参加し、立場が異なる人たちが協力し合いながら、それぞれができるアクションを起こすことが不可欠です。

「持続可能なライフスタイルの共創」ってどういうこと？

1 SDGsについて知ろう

私たちの経済活動を支えている「生産」と「消費」のサイクルは、相互にかかわり合いながらひとつのエコシステムを形成しています。双方が手を取り合い、資源を極力廃棄せず循環させるライフスタイルをつくることで、持続可能な社会の実現に近づいていきます。

社会全体で新しいライフスタイルを創っていくことが大事だね！

限りある資源を循環させていく「サーキュラー・エコノミー」

大量に作り、消費し、捨てることが当たり前のように行われていた「大量消費システム」の反省から生まれた、資源を循環させるシステムを「サーキュラー・エコノミー」と呼びます。リユースやリサイクルなどで一度作った商品をゴミにしない、また商品を作る過程でなるべく廃棄物（不要だとして捨てられるもの）を出さないという考えで仕組みを整え、限りある資源を大事に使っていくための考え方です。

2016年「A Circular Economy in the Netherlands by2050」をもとに作成

大量消費への反省から生まれた、捨てずに使い続けることを大事にする考え方だよ！

循環型社会に向けて、私たちができること

ファッションの場合を例にとり、作り手（製造・販売する企業）ができること、使い手（消費者）ができることをそれぞれ考えてみましょう。作り手は、原材料の調達や製造、生産計画、輸送などの各プロセスで循環型社会につながる選択が求められます。使い手は、リサイクルやリユースをしたり、そもそも買う量を減らして持っている服を長く着る、などの行動が循環型社会への一歩になります。

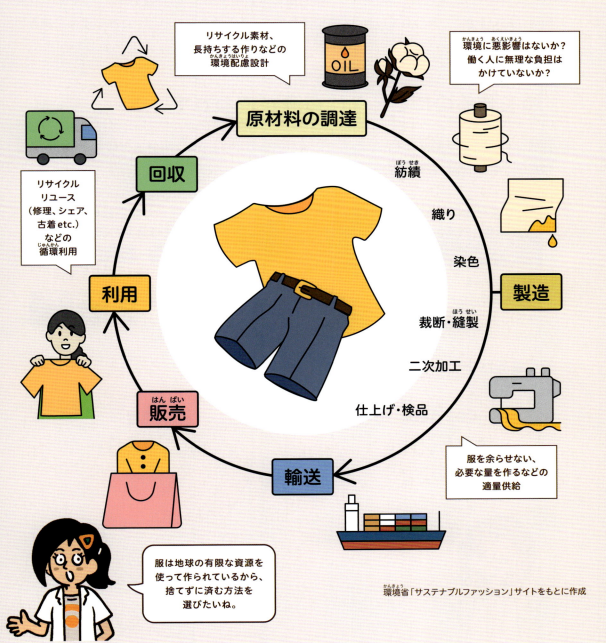

環境省「サステナブルファッション」サイトをもとに作成

環境負荷が高い産業から取り組もう

社会にはさまざまな産業があります。そのなかから、より環境負荷の高い産業に取り組んでいくのも、持続可能な社会を実現していく上で欠かせない考え方です。国連貿易開発会議（UNCTAD）の調査によれば、ファッション産業は石油産業に次いで、「世界で2番目に環境負荷が高い産業」と言われています。特に優先度高く取り組まなければいけない産業であるとわかります。

服を作るのにこんなに資源が使われている

なぜ、ファッション産業はそんなに環境負荷が高いのでしょうか？原材料の調達から、製造段階だけでもこんなに負担がかかっています。

原材料調達段階の環境負荷

天然繊維の環境負荷（コットンなど）
・栽培時の水消費
・化学肥料による土壌汚染など

合成繊維の環境負荷
・石油資源の使用
・工場でのCO₂排出など

原材料調達から製造段階までに排出される環境負荷の総量（年間）

CO₂排出量	水消費量
約90,000kt	約83億m³
端材等排出量	＋化学物質による水質汚染
45,000t	

服1着あたりで考えると…

CO₂排出量 約25.5kg
（500mlペットボトル約255本作るのと同じ）

水消費量 約2,300l
（浴槽約11杯分）

環境省「サステナブルファッション」サイトをもとに作成

えっ！服1着作るのにこんなに資源を使っているの！？

それだけじゃないぞ。日本で売られる服の約98％は海外から輸送しているから、実際にはその負荷も加わるんだ。

私たちが消費者としてできることはなんだろう？

持続可能な社会に向けたアクション

私たちが消費者としてできることを、ファッションを例にして考えてみましょう。消費者が行動を変えることで、企業の作る製品やサービスも変わっていきます。

❶ いま持っている服を長く大切に着よう
毎年買い換えるのはやめて、1着を長く着るようにしよう。

❷ リユースで楽しもう
服を手に入れる方法は、新品を購入するだけではありません。

まだ着れる服だから、誰か次の人に使ってほしいな。 消費者

服のシェアサービスや、不要服の買取サービスに需要があるかも？ 企業

❸ 先のことを考えて買おう
これからも長く着れる服か？考えてから購入しよう。

❹ 作られ方をしっかり見よう
原料は？どんなラベルがついている？買う時に気にしてみよう。

❺ 服を資源として再生利用しよう
服を処分する時には、資源として回収に出そう。買う時は、再生原料の服を選ぼう。

環境省「サステナブルファッション」サイトをもとに作成

国内外のさまざまな認証マーク

商品の環境への影響について、国や自治体・事業者団体などが規格や基準を定めて証明するラベルや認証マークがあります。地球への負荷が少ない商品につけられる「エコマーク」、PETボトルをリサイクルした製品につけられる「PETボトルリサイクル推奨マーク」などさまざまな種類があります。くわしくは、環境省「環境ラベル等データベース」でも紹介されています。

エコマーク

PETボトルリサイクル推奨マーク

「環境ラベル等データベース」はこちら

日本が抱えているこれから解決すべき課題たち

1 SDGsについて知ろう

01 やり直しづらい日本社会

人生の選択に失敗するとやり直しがききにくい社会構造です。

02 先進国なのに高い相対的貧困率

日本では6人にひとりの人が貧困で苦しんでいます。

03 日本でも起きている食料問題

食料自給率が低い日本では、今後食料が不足する可能性があります。

07 膨れ上がる社会保障費

お金が不足し、安定した医療・介護サービスを受けられない可能性があります。

08 安心して出産し子育てできない社会

出産や育児に関する制度・施設などが不足しています。

09 希薄化・孤独化するコミュニティ

同じ地域に住んでいる人同士のかかわり合いが少なくなっています。

13 日本は真のスポーツ大国になれるか

体力や健康づくりにもつながるスポーツに取り組む人が減っています。

14 世界が注目する水資源問題

これからも生活やものづくりに必要な水を確保しなければなりません。

15 持続可能なエネルギーの実現と普及

化石燃料に依存し続けたままだと、将来的にエネルギーが不足します。

19 伝統文化・技術をどう継承するか

祭りや工芸品などの伝統が、後継者不足などにより途絶えてしまいます。

20 日本中に眠る未利用資源

木材やリサイクルゴミなどの身近な資源がうまく活用されていません。

21 老朽化が進むインフラ

橋やトンネルなどの生活に不可欠なインフラの老朽化が進んでいます。

持続可能な社会を構成する要素には、環境だけではなく、社会で暮らすさまざまな人の幸せも入っています。ここからは、日本において持続可能な社会を作るために、取り組むべき課題を紹介していきます。

イラスト・資料提供：NPO法人ETIC.

04 日本が一歩先ゆく 超高齢化社会

日本は世界一の高齢化先進国であり、今後も高齢化は進んでいきます。

05 チャンスに変わるか？ 人口減少

社会で活躍する人口が減ることで、国の成長が止まる恐れがあります。

06 マイノリティの 人々の幸せ向上

LGBTQ+や障がい者などが不便で肩身の狭い生活を送っています。

10 延ばしたい健康寿命

健康寿命と平均寿命の間に差があり、医療や介護のためのお金が増えています。

11 創造力を高める 教育の拡大

自由な発想で物事を考えるための教育が不十分です。

12 じわじわ広がる 教育格差

環境や収入によって受けることができる教育内容に差が生まれています。

16 出番を求める人々に 活躍の機会を

能力や個性を発揮できないまま働いている人がたくさんいます。

17 解放せよ 組織内リーダーシップ

リーダーシップがある人でも、組織の中でなかなか力を発揮できません。

18 専門職が力を 発揮できない職場環境

プロとしての専門的な知識や技術を活かして働く職場が少ない社会です。

22 自然災害大国日本

地震や台風についての経験を、未来の災害対策に活かす必要があります。

23 見直したい ローカル経済

都会に比べて地域の元気がなくなっています。

24 復活できるか 水産王国日本

汚染や乱獲により魚や貝などの水産資源が減少しています。

1 SDGsについて知ろう

25 止まらない気候変動

気温上昇などのいままでにない気候の変化への対策が不十分です。

26 非効率すぎる政治・行政

内部が見えにくい政治や行政のかたちに、国民は不信感を抱いています。

27 社会づくりに参加しやすく

選挙や寄付活動などの敷居が高く、気軽に参加できない状況です。

28 時代に合わせた幸せの模索と実現

幸せのかたちが多様化しているなか、昔ながらの価値観が根強く残っています。

29 くい止めたい不信と不和の連鎖

日本の内外で災害や争いにより日々苦しんでいる人が多数います。

30 グローバルでつながる経済の課題

世界の持続的な成長に向けて、国同士が十分に協力できていません。

31 高ストレス型社会からの脱却

多くの人が勉強や仕事、友人関係などで悩みやストレスを抱えています。

ウェブサイトでくわしい内容が見られるよ！

日本だけでもこんなに課題があるなんて！

みんなの住んでいる地域に、ここにはない32番目の課題はあるかな？

第2章では私たちの身近な社会課題をクローズアップ！

みんなにも関係のある身近な社会課題を、第2章でくわしく紹介します。日本にある課題を勉強しながら、みんなだったらどんな方法で課題を解決できるか考えてみよう。

第2章
身近な問題から考えよう

ある日、ゆみのクラスで自由研究をテーマにした授業が行われました。ゆみたちは、ファッションをテーマに、社会について考えていきます。

けんたは、「オレは、服は買わないのが一番だと思う。オレみたいにいつも同じ服を着てるのが一番エコだよ！」という意見。一方ゆみは、「気分によって服は変えたいよ。それが良くないことだって言われちゃうと困るけど…」。

「ぼくのお父さんは医師だけど、白衣を着ると気が引き締まるって言ってたよ」とアレックス。みのりも「私、実は『推し活』をしていて、推し色のピンクの服を着て気分を盛り上げてるの！」と、ファッションについて話します。

ゆみ「私は、出かける前になんの服を着ようかなって、想像しながら選ぶのが楽しいんだ」
けんた「なんだよ、みんな。それじゃあ、問題は解決しないぜ？」
なかなか答えは見つかりません。

ゲスト講師として来てくれた、ETIC.のアサミさんは「あら。好きなサッカーチームを応援する時、けんたくんは何を着てる？」と問いかけます。

「もちろん、チームのユニフォーム！あれ、オレも服を楽しんでるってことか？」と、けんた。
ゆみは、「そうだよ！どうしたら、これからもファッションを楽しむ世界でいられるんだろう？一緒に考えて！」と、みんなに声をかけます。

ファッションにかかわる問題や、動きについても調べていく4人。
みのり「服の価格を安くするために、途上国では劣悪な環境で人が働かされているんだ」
けんた「最新バイオテクノロジーで、環境負荷の少ない新しい素材を開発したんだって！パリコレでも使われたんだ」
アレックス「染料を使う時に大量の水を使ったり、化学染料で水を汚してしまうんだね。水を汚さない染色の技術も開発されているみたいだよ」
事前に調べてきたことを話し合います。

そこでアサミさんが、「たくさん課題があって、それに対して、いろいろな取り組みがあることもわかったよね。せっかくなら次は、『ファッションを楽しむためにはどうすればいいか』を考えてみない？」と、新しい考えへと4人を導きます。

「自分が選ぶファッションが、環境を汚さずに、誰も不幸にしていないものなら、うれしいな」と、ゆみ。

アレックスも「こんなに知らない問題が身近にたくさんあるんだなって知ったから、自分ができることは何か？を調べたいよ」と力を込めます。

アサミさんからの「日本で起きている問題や、その取り組みを見ていきましょう。ファッションの問題解決のヒントもきっとあるはずよ」というアドバイスに、興味津々の4人。日本で起きている課題を、みんなで調べ始めます。

2 身近な問題から考えよう

やり直しづらい日本社会

一度の失敗が命とり？現代社会はハードモード

日本は"再挑戦が難しい国"といわれています。会社が倒産したり、自己破産したりしても"自己責任"とみなされ、苦しい生活から抜け出すのはとても大変です。これでは思い切った行動ができなくなり、失敗から成功のヒントを得るチャンスもなくなってしまいます。失敗を恐れずチャレンジできる社会にしていかなければなりません。

日本の企業のほとんどが中小企業。そこで働き続けられるようにするために、特にコロナ禍で経営状態が悪化した中小企業に対して、事業やお金についてのアドバイスをして再挑戦を支える制度が活用されているよ。

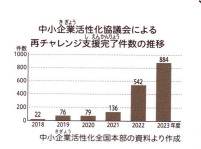

中小企業活性化協議会による再チャレンジ支援完了件数の推移

年度	2018	2019	2020	2021	2022	2023
件数	22	76	79	136	542	884

中小企業活性化全国本部の資料より作成

 考えてみよう&やってみよう！

①この課題がどのSDGsにかかわってくるのか考えてみよう。

②今日、求援力（相手の助けを求める力）と受援力（相手からの助けを受け入れる力）が求められている。このふたつの力は何を意味しているだろうか？議論してみよう。

③将来の職業を選択し、生涯にわたって仕事をすることだけがキャリアではない。自分のライフステージで多様な側面を持つ、ライフキャリアについて考えてみよう。

先進国なのに高い相対的貧困率

くわしくはこちら

お金がない世帯は健康も進学もかなわない？

先進国の日本でも貧困は他人事ではありません。国民の6人にひとりが貧困の状態にあり、コロナ禍以降に経済が大幅に落ち込んだため、貧困層は今後も増える可能性があります。進学や通院など、貧困を理由に当たり前の生活を送れない人たちを支援すると同時に、貧困から抜け出すための手段が求められています。

単身の高齢者世帯の相対的貧困率*が問題視されているよ。65歳以上のひとり暮らし世帯では、女性の貧困率が44.1％、男性が30％。子どもとの同居世帯や夫婦世帯よりも、貧困に陥りやすいと言われているんだ。

＊その国や地域の水準と比較して大多数よりも貧しい状態のこと。

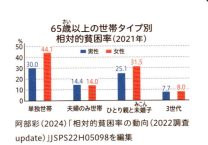

65歳以上の世帯タイプ別相対的貧困率(2021年)

阿部彩(2024)「相対的貧困率の動向(2022調査update)」JJSPS22H05098を編集

考えてみよう＆やってみよう！

①この課題がどのSDGsにかかわってくるのか考えてみよう。

②「富める者は富み、貧しい者はさらに貧しくなる」という言葉がある。この二極化の現象はなぜ起こるのだろうか？議論を深めてみよう。

③学ぶことは、悪循環を断ち切る力があるといわれている。学び続けることが、自分と社会にどのような影響をもたらすだろうか？考えてみよう。

2 日本でも起きている食料問題

身近な問題から考えよう

肉や魚が食べられない未来がそこまで来ている！

日本の食料自給率は38％（2022年時点）と低い水準で、多くの食料を外国からの輸入に頼っています。一方で、まだ食べられる食品が捨てられていたり、加工食品を作る過程で出る廃棄物も多いのです。世界人口は増え続け80億人に到達し、さらに気候変動が進行すれば、これまでのように食料が手に入るとは限りません。国内の農業・畜産業・漁業を活性化させてすべての人に食料が行きわたり、食料を無駄にしない社会をつくることが必要です。

食品企業の製造工程で発生する規格外品などを引き取り、こども食堂などへ無料で提供する「フードバンク」や個人が寄付する「フードドライブ」と呼ばれる活動があるんだ。食料の無駄を減らすことができるね。

 考えてみよう＆やってみよう！

①この課題がどのSDGsにかかわってくるのか考えてみよう。

②日本は食料生産ができる国なのに、なぜ多くの食料を外国からの輸入に頼っているのだろうか？議論を深めてみよう。

③地域の食材、旬の食材を食べることには、どのようなメリットがあるだろうか？考えてみよう。

日本が一歩先ゆく超高齢化社会

お年寄りが増える日本は世界一の高齢化先進国

超高齢化社会の日本では、国民の3人にひとりがお年寄りです。お年寄りの暮らしを支える社会保障費は増加しており、それにより国民ひとり当たりの負担は大きくなっています。これから社会に出ていく若い世代のためにも、超高齢化社会を支えつつ、自分たちがいきいきと暮らせる新たな社会モデルが求められます。

日本では毎年約10万人が介護を理由に離職していて、2030年には働きながら介護を行う「ビジネスケアラー」が約318万人に上る見込みなんだって。「仕事と介護の両立」ができる制度づくりが求められているよ。

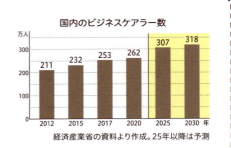

国内のビジネスケアラー数

年	2012	2015	2017	2020	2025	2030
万人	211	232	253	262	307	318

経済産業省の資料より作成。25年以降は予測

 考えてみよう＆やってみよう！

①この課題がどのSDGsにかかわってくるのか考えてみよう。

②高齢化は日本だけでなく、タイやベトナムでも進んでいる。調べてみよう。

③今後、日本の労働力人口が少なくなることが予想されている。どのように労働力人口を確保するのか、また、労働力人口が少なくなっても、どのように質の高い労働を維持することができるか、議論を深めてみよう。

43

2 身近な問題から考えよう

 チャンスに変わるか？
人口減少

くわしくはこちら

日本の人口が減るといまの生活を維持できない？

日本の人口は少子化により減少し続け、2050年には1億人を下回ると予測されています。経済を成長させ教育や社会福祉を支える力が不足することは大きな問題ですが、同時にこれまでの社会のかたちを見直すチャンスでもあります。自然環境を大切にした地域づくりや、国籍やアイデンティティを越えた社会づくりなど、持続可能性や多様性を尊重する社会に変えることで解決する課題があるかもしれません。

2023年10月末の外国人労働者数は約205万人で、届出が義務化された2007年以降で初めて200万人を突破したんだ。働き手が増えるという良い面もあるけど、文化への配慮など受け入れ態勢を整えることが大切だね。

日本で働く外国人労働者数の推移
厚生労働省「『外国人雇用状況』の届出状況まとめ」より作成

 考えてみよう＆やってみよう！

①この課題がどのSDGsにかかわってくるのか考えてみよう。

②人口減少が進む日本において、多くの観光客が来ている。なぜ、日本に魅力を感じ、来日しているのか？議論を深めてみよう。

③日本の人口減少について、チャンスとリスクの側面から議論を深めてみよう。

マイノリティの人々の幸せ向上

性別、価値観に関係なく自分らしくいられる社会へ

障がいがある人や、外国籍、LGBTQ＋など、さまざまな特徴や価値観を持ったマイノリティへの配慮が議論されています。多数派の考えだけを尊重すると、一部の人は我慢をしなければならなくなります。"普通"という枠がなくなりつつあるいま、すべての人が個性を解き放てる社会についてみんなで考える必要があります。

2025年度から中学校で使う教科書が、ジェンダーや性の多様性を紹介する内容に変わるんだって。日本で暮らす人のなかにも多様なルーツやアイデンティティがあるし、感じ方や文化の違いを認め合うことが必要だね。

2025年度から中学校の教科書には、性の多様性についての記述が追加される。

 考えてみよう＆やってみよう！

①この課題がどのSDGsにかかわってくるのか考えてみよう。

②自分がマイノリティの環境に身を置いた経験（例えば、異なる世代、異なる性などの環境で自分が少数として身を置く経験）から、感じたこと、思ったことを共有してみよう。

③自分がほかの人とは異なる属性（国籍、性別、年齢、ルーツ、信条、趣味、興味など）について、考えてみよう。

身近な問題から考えよう

膨れ上がる社会保障費

くわしくはこちら

安心して暮らすために"国のお金"をどう使う？

社会保障とは、子育てや医療、年金などの生活の困りごとに備えて、みんなで支え合う仕組みのこと。税金などを国が集めることで実現していますが、少子高齢化の影響でひとり当たりの負担は膨らみ続けています。若者が苦しむことなく制度を維持していくには、どのような仕組みが必要でしょうか。

医療費や介護費を減らすための取り組みとして、注目されているのが「フレイル予防」だよ。年齢とともに元気がなくなり病気にかかりやすくなるのを、運動したり、栄養ある食事で予防しようという考え方なんだ。

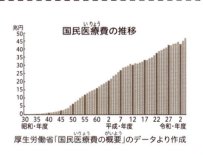

国民医療費の推移

厚生労働省「国民医療費の概要」のデータより作成

📖 考えてみよう&やってみよう！

①この課題がどのSDGsにかかわってくるのか考えてみよう。

②互いに安心して暮らすには、国のお金を使わない方法もある。どのような方法があるか、議論を深めてみよう。

③社会福祉が進んでいる北欧の取り組みについて調べてみよう。

安心して出産し子育てできない社会

子育てしやすい社会が少子化の解決のカギに

日本で少子化が進む原因のひとつに、子育てしにくい社会構造があります。「子育ては女性がするべき」という誤った価値観や男女格差、金銭面の負担、子育てと仕事を両立しようにも男性の育児休業取得が浸透しない状況などが立ちはだかります。国の宝である子どもを産み、育てやすい社会に変化できなければ、明るい未来は描えがけません。

2023年度の男性の育児休業取得率は30.1%と、調査開始から初めて3割をこえたんだって！男性の育休取得率を上げるには、職場の理解や支援体制づくりが大事。どんどん当たり前になってほしいね！

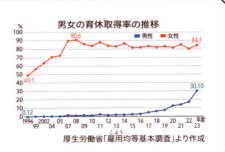

 考えてみよう＆やってみよう！

①この課題がどのSDGsにかかわってくるのか考えてみよう。

②近年、男性の育児休業取得の割合が増加しているのはなぜだろうか？議論を深めてみよう。

③安心して出産し、子育てしやすい社会になるには、子育て家族への財政支援（補助金の支給など）だけでは不十分である。その理由や、異なる方策について議論を深めてみよう。

2 身近な問題から考えよう

希薄化・孤独化するコミュニティ

くわしくはこちら

一緒にいても孤独を感じる人がいる

日本では家族や友だちがいても孤独を感じながら生活している人がいます。コロナ禍の不要不急の外出自粛やオンライン授業、リモートワークによりコミュニケーションをとる機会が限られたことも孤独化を加速させたと考えられています。いま必要とされているのは、周りとつながりを実感できる新たな社会の仕組みです。

共働きやひとり親家庭の増加に伴って、子どもの孤立化が進んだり、みんなで遊べる子どもの居場所は減ってきているみたい。学校や自宅以外の居場所をつくろうと「コミュニティ食堂」などを開く動きが進んでいるよ。

考えてみよう&やってみよう！

①この課題がどのSDGsにかかわってくるのか考えてみよう。

②孤独は感情（自分の感じ方）、孤立は状態（社会的状況）を意味する。このふたつの意味について、議論を深めてみよう。

③自然災害が多い日本において、コミュニティの希薄化・孤独化は何を意味するだろうか？議論を深めてみよう。

 # 延ばしたい健康寿命

くわしくはこちら

元気で長生きするためにできることは何？

日本は世界有数の長寿国ですが、自分の力で身体を動かして生活できる「健康寿命」は長いとはいえません。病気やケガによる不健康な状態が長くなると、自由で自分らしい暮らしを送れず、国が負担する医療費・介護費も膨らみます。健康寿命を延ばすことは、人と人との関係を豊かにし、すべての国民が幸せに生きることにつながります。

 山形県山形市では、年齢を重ねても健康でいきいきと暮らすことのできる「健康医療先進都市」を目指し、歩数や健康診断、社会参加などでポイントがたまるアプリを広めているよ。ポイントで地元のお肉や商品券が当たるから、楽しみながら健康につながる仕組みだね。

ウォーキングなどでポイントをためて、楽しく健康づくり。

 考えてみよう＆やってみよう！

① この課題がどのSDGsにかかわってくるのか考えてみよう。

② 自分の健康寿命を延ばすために、いまからできることには何があるだろうか？議論を深めてみよう。

③ 世界の人口が急激に増えていくなかで、環境に負荷をかけない生き方、暮らし方も求められている。充足（足るを知る）を促す健康寿命とは何か、考えてみよう。

2 身近な問題から考えよう

創造力を高める教育の拡大

くわしくはこちら

AIが活躍する未来では人間は何をしている？

文章や画像を自動で作る生成AI（人工知能）が話題を集めています。暮らしを楽しく便利にする一方で、AIが成長を続け社会に広まっていくと人間に代わってさまざまな仕事を行うと予測されています。その時人間に求められるのは「創造力」です。AIと共存しながら創造力を発揮して活躍するには、どんな教育が必要でしょうか。

プログラミングもいいけど、たまには自然のなかで思いきり遊んでみない？都会から自然豊かな地域の学校に留学する島留学や山村留学が注目されているよ。親子で参加する親子ワーケーションなどもあるんだって。

 考えてみよう＆やってみよう！

①この課題がどのSDGsにかかわってくるのか考えてみよう。

②生成AIの進展が著しい今日、あらためて人間の知性が求められている。人間だからできること、人間どうしだから取り組めることなど、人工知能にはできない側面について議論を深めてみよう。

③創造力を高める教育を充実させるためには、どのような取り組みを行うのがいいだろうか？考えてみよう。

50

じわじわ広がる教育格差

生まれた家や地域によって教育に差が生まれる？

日本は義務教育の制度によりすべての子どもが一定水準の教育を受けることができます。ただ、家庭や住んでいる地域によって教育機会に差が生まれることがあります。そこから学力に差が生まれ、結果的に大人になってからのさまざまな格差につながるといわれています。子どもの状況(じょうきょう)に合わせた教育機会の構築が求められています。

「放課後子ども教室」って聞いたことある？放課後や週末に小学校の空き教室で、地域の大人たちが企画(きかく)・運営・参加して子どもたちに勉強を教えているんだ。スポーツ・文化活動、地域の人たちとの交流拠点(きょてん)にもなっているよ。

 考えてみよう＆やってみよう！

①この課題がどのSDGsにかかわってくるのか考えてみよう。

---

②教育は、みんなが受けられるだけでなく、自分のペースや関心、他者との学びの場が重要であるといわれている。ひとつの尺度だけによらない、教育のあり方について、議論を深めてみよう。

---

③「実力も運のうち」（運も実力のうち、ではない）という言葉がある。この言葉の意味について、議論を深めてみよう。

51

2 身近な問題から考えよう

日本は真のスポーツ大国になれるか

くわしくはこちら

体力低下やイライラは運動不足が原因かも？

スポーツ大国として存在感を高めている日本。2024年パリ五輪でも日本人選手が大活躍し、メダル獲得数は世界3位を記録しました。その背景には「文武両道」という言葉が示す、学業とスポーツの両方を重要視する文化があります。ところが社会人になるとスポーツをしなくなる人が増えてしまいます。健康増進、また達成感を得られて人間関係を豊かにするスポーツを、人生の大切な習慣にしませんか。

スポーツをしない人って、運動が苦手な人が多いよね？そんな人でも楽しめる新しい競技を発明する「ゆるスポーツ」が注目されているよ。学校でオリジナルのスポーツを考える授業もしてるんだって！楽しそう！

ゆるスポーツのひとつ「イモムシラグビー」。
（提供：世界ゆるスポーツ協会）

考えてみよう＆やってみよう！

① この課題がどのSDGsにかかわってくるのか考えてみよう。

② 「競技スポーツ」「生涯スポーツ」「運動遊び」の違いについて、調べてみよう。

③ 高齢になっても続けられるスポーツには、どのようなものがあるか調べてみよう。自分が長く続けられるスポーツは何か考えてみよう。

世界が注目する水資源問題

水が使えるって当たり前？
水不足になる可能性も…

日本は水資源を蓄える山岳地帯に恵まれた"水大国"です。しかし気候変動の影響で降雨量が減少している傾向が見られ、農業用水や生活用水への影響が懸念されています。限りある良質な水を手に入れるため、高いお金で水を買う…。それは砂漠が広がる外国だけではなく、私たちが暮らす日本に迫る危機なのです。

原材料に水を使わない、製造過程で使う水の量を減らす、使う時にも水を使わない美容品「ウォーターレスビューティー」が注目されているよ。シャンプーバーやパウダー状のスキンケア、洗い流し不要なドライシャンプーなどがあるんだって。

1905年創業のせっけんメーカーが作ったシャンプーバー「The BAR」。

 考えてみよう＆やってみよう！

①この課題がどのSDGsにかかわってくるのか考えてみよう。

②日本は「世界の水を摂取している」といわれている。食料の多くを輸入に頼る日本が「世界の水を摂取している」といわれるのはなぜだろうか？仮想水（ヴァーチャル・ウォーター）を手掛かりに調べてみよう。

③日本で近年取り組まれているマイボトルに無料で水をくめる給水の仕組み（リフィル）について、調べてみよう。

2 持続可能なエネルギーの実現と普及

くわしくはこちら

身近な問題から考えよう

私たちが使う電気は外国の資源でできている！

日本の電気は大半が石油や石炭、天然ガスなど化石燃料*からつくられますが、その90%近くを海外から輸入しています。万が一、戦争や輸出国との関係悪化により手に入らなくなれば一大事です。化石燃料による発電は環境負荷も大きく、再生可能エネルギー*の積極的な活用など早急に対応しなければいけません。

*化石燃料…石油、天然ガス、石炭などの地下に埋まっている燃料資源。
*再生可能エネルギー…太陽、風、水などの発電に繰り返し利用できるエネルギー。

北海道下川町では、長年にわたり循環型の森林活用に取り組んでいるよ。森林を伐採した時に発生する林地残材などを材料とする木質バイオマスによるボイラーなどを使うことを進めているんだ。

五味温泉に導入している木質バイオマスエネルギー熱供給施設。

考えてみよう&やってみよう！

①この課題がどのSDGsにかかわってくるのか考えてみよう。

②太陽光発電は、パネル設置に伴う自然生態系の破壊や、老朽化に伴う廃棄処理問題があるといわれている。自然共生や資源循環の視点から太陽光発電の有効性を考えてみよう。

③原子力発電は、CO_2を出さず、脱炭素に貢献するエネルギー源として注目されている。これまでの国内外の原子力発電所事故の経験も踏まえ、原子力発電の有効性について、議論を深めてみよう。

出番を求める人々に活躍の機会を

働きたくても、思うように力を発揮できない人がいる

「働く」ことは人生において重要な要素ですが、日本には障がいや生まれ育った環境などのさまざまな事情で活躍できる場所がなく、社会とのつながりを模索している人たちがたくさんいます。出産や介護などの都合で働けなくなる人も少なくありません。目指すのは、誰もが自分の目標や可能性をあきらめることなく、いきいきと活躍する社会です。

インターネットで個人が自分の得意なスキル（デザイン、動画制作、翻訳など）を使ってお金を稼いだり、空き時間で仕事ができる「スキルシェアリングサービス」が広がっているよ。副業で使っている人も多いんだって。

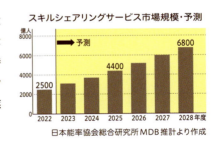

スキルシェアリングサービス市場規模・予測
日本能率協会総合研究所MDB推計より作成

考えてみよう＆やってみよう！

①この課題がどのSDGsにかかわってくるのか考えてみよう。

②出番は働く場だけではなく、日々の生活や他者とのコミュニケーションにおいても求められている。どんな出番や、活躍の機会があるか考えてみよう。

③自分が活躍したい場だけでなく、他者から活躍を期待されている場もある。他者から活躍を期待されている場があった場合、自分自身はどうしたいだろうか、考えてみよう。

55

2 身近な問題から考えよう

解放せよ組織内リーダーシップ

くわしくはこちら

年齢や立場に関係なくリーダーになれる時代へ

グローバル化が進み、日本の企業では多様な個性を持つ人材が働いています。さらにAI時代が到来し、激しい変化に対応する主体性が強く求められるようになりました。ひとつの考え方で管理される組織から、一人ひとりが結びつきながら柔軟にかたちを変える組織へ。これからは年齢や立場にとらわれず、適材適所で個人がリーダーシップを発揮していく社会になるでしょう。

「プロボノ」という、社会的・公共的な目的のために、職業上のスキルや経験を活かして取り組むかたちの社会貢献活動があるよ。NPOなどの支援を通じて社会課題の解決に参加する、新しいボランティアの形として注目されているんだ。

プロボノの様子。
（提供：認定NPO法人 サービスグラント）

 考えてみよう＆やってみよう！

①この課題がどのSDGsにかかわってくるのか考えてみよう。

---

②ひとつの固定された仕事のみならず、今日では多くの企業で副業、兼業が推奨されている。副業、兼業がもたらすメリット、デメリットについて、議論を深めてみよう。

---

③ボス（上司）とリーダーの違いについて、議論を深めてみよう。

専門職が力を発揮できない職場環境

くわしくはこちら

専門職の人たちがスキルを発揮できる環境を

高校や大学、専門学校で専門的スキルを身につけて社会に出たものの、給与や労働時間などの待遇が十分でないことが原因で専門職をあきらめる人が増えています。看護師や介護士、AIを開発するエンジニアなど、安心して暮らせる豊かな社会づくりに必要不可欠な専門職人材が長く活躍するためのカギは、安心して働ける職場環境です。

学校の先生も「専門職」のひとつだよ。でも、先生の仕事は授業や部活に多忙でなり手が減っていて、人手不足になっているんだって…先生たちが働きやすい職場って、どんな場所なんだろう？

考えてみよう＆やってみよう！

①この課題がどのSDGsにかかわってくるのか考えてみよう。

②たとえ専門的知見を有していたとしても、時代の変化、社会のニーズの変化のなかで、職能を発揮する場や機会が変化してきている可能性がある。自分の能力が社会で活かされるためには、何が重要か考えてみよう。

③どの仕事環境でも、他者との協働が不可欠である。独りよがりにならない専門職の姿について、議論を深めてみよう。

2 身近な問題から考えよう

技 伝統文化・技術をどう継承するか

くわしくはこちら

「日本らしさ」は継承しないと消えてしまう

神社仏閣、着物、和食など、日本の伝統文化は世界を魅了する価値を誇ります。しかし、少子高齢化や地方の過疎化などにより担い手が不足し、伝統継承が危ぶまれる文化もあります。伝統文化・技術をどのように受け継ぎ、発展させていくのか。その価値をどう発信していくか。これからの時代を生きる人たちで解決しなければなりません。

全国各地の花火大会で特別な「有料席」の導入が進んでいるよ。物価高のなかでも花火大会を続けていくための工夫なんだ。ゆっくり見たい人は有料席、無料で見たい人はこれまで通り見られて、いいアイデアだね！

 考えてみよう&やってみよう！

①この課題がどのSDGsにかかわってくるのか考えてみよう。

②無形の文化（うたや音楽、踊り、工芸技術など）は、社会とのかかわりのなかで変化していくといわれている。変化しない文化、変化していく文化について、議論を深めてみよう。

③伝統文化には、多くの職業がかかわっている。伝統文化の例を参考にしながら、その伝統文化を支えているさまざまな職業について調べてみよう。

日本中に眠る未利用資源

身近な自然から人まで！？
眠れる資源を活かせ

エネルギーや食料資源は輸入に頼っている日本ですが、実は身近に使われていない資源がたくさんあります。国土の3分の2を占める森林のうち、木材として使われているのはごく一部。スキルや意欲はありながらさまざまな事情で働けない人も資源といえます。こうした未利用資源を活用するアイデアが、社会を豊かにし、経済を支えるカギになるでしょう。

日本全国にある放置竹林も、未利用資源のひとつ。山口県の「エシカルバンブー」では、国産の竹を100％使ったタオルや洗剤などを作っているよ。地域の高齢者やひきこもりの若者が働く場にもなっているんだよ。

竹繊維100％のタオル。
(提供：エシカルバンブー株式会社)

 考えてみよう&やってみよう！

① この課題がどのSDGsにかかわってくるのか考えてみよう。

② 「未利用資源」の活用事例について、調べてみよう。

③ 「未利用資源」であると気づかない資源が、日本中に眠っているといわれている。眠っている「未利用資源」を発見するためには、どのようにすればいいだろうか？議論を深めてみよう。

2 身近な問題から考えよう

老朽化が進むインフラ

くわしくはこちら

まちの大事なインフラである道路や橋はもう限界!?

私たちの暮らしを支える道路や橋、トンネルなどの交通インフラのうち、2023年に建設後50年を迎えたものは4割にものぼります。雨風にさらされ、自動車走行や地震の衝撃に耐えてきた建設物は、補修・建て替えが必要です。国や地方自治体のお金に限りがあるなか、どのように対応していくべきでしょうか。

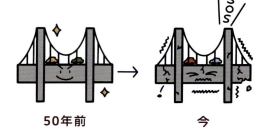

50年前　　→　　今

インフラ構造物の状態を確認する監視カメラや、劣化を予測できるモニタリングサービスがあるんだって。ほかにも一般の人がインフラを写真で投稿するとポイントがたまるアプリも生まれるなど、対策が始まっているね。

電源・配線不要で昼夜を問わずリモート撮影ができる「ゼロエナジー高感度カメラ」。
（提供：OKI）

考えてみよう&やってみよう!

①この課題がどのSDGsにかかわってくるのか考えてみよう。

②事故が起こる前に対処する「予防保全」を行うことが重要な課題となっている。「予防保全」とはなにか、調べてみよう。

③インフラ老朽化対策において、技術だけに頼らない方策はあるのだろうか?考えてみよう。

自然災害大国日本

災害が多発する国だから日常でも防災意識を

日本は世界で最も災害が多い国。地震はひんぱんに発生していて、人々の大きな関心事になっています。気候変動の影響で台風や大雨による被害も増え、私たちは日頃からいろいろな自然災害に備えなければなりません。被害を小さく抑える仕組みづくりと、一人ひとりが防災意識をしっかりと持つことが、安心して暮らせる社会につながります。

地震などの際に、高齢者や妊産婦、乳幼児など通常の避難所生活が難しい人向けに、福祉施設を避難所にする「福祉避難所」というものがあるんだ。ただ、2024年の能登半島沖地震では施設の被災などで開設できない施設が相次ぎ、課題を残したよ。

 考えてみよう＆やってみよう！

①この課題がどのSDGsにかかわってくるのか考えてみよう。

②これまでの日本における大規模な自然災害について、調べてみよう。

③「平時のパートナーシップなしに、有事のパートナーシップはできない」といわれている。自然災害大国日本であるからこそ、平時のパートナーシップをどのように構築していくかが問われている。その方策について考えてみよう。

61

身近な問題から考えよう

 # 見直したい ローカル経済

くわしくは
こちら

地域が元気になれば日本全体に元気が生まれる！

リモートワークの普及により、地方移住や二拠点居住を選ぶ人が増えています。暮らしやすさに注目が集まりがちですが、豊かな自然や固有の文化など、新たな産業を生む資源の存在も見逃せません。ローカル経済が盛り上がれば持続可能なまちづくりを後押しし、それが日本全体に活力を生みます。地域の価値を再認識する視点が必要です。

 大阪の布施商店街では、まちをひとつのホテルに見立て、ご飯は商店街で、お風呂は街の銭湯で、宿泊は空き物件を改装した部屋に泊まれるようにしているよ。旅する人も楽しい、まちの人もうれしい仕組みだね！

まちごとホテルを提唱する、大阪府東大阪市の布施にある商店街。
（提供：SEKAI HOTEL 株式会社）

 考えてみよう&やってみよう！

①この課題がどのSDGsにかかわってくるのか考えてみよう。

②地域のお金が簡単に外に漏れ出ないようにする考え方として、「漏れバケツ理論」が注目を受けている。「漏れバケツ理論」を調べてみよう。

③「漏れバケツ理論」に基づいて、自分の地域の事例を掘り下げてみよう。

復活できるか水産王国日本

漁獲量減少に漁師不足…水産王国の行く末は？

海に囲まれた日本は、かつては「獲れる魚の質・量ともに世界一」といわれる水産王国でした。しかし乱獲や気候変動により魚の数が減少し、漁師などの水産業従事者の高齢化も深刻化。現在水産物の食料自給率は、ピーク時の半分近い56％まで落ち込んでいます。養殖技術の革新や計画的な漁業の普及など、新たなアクションが期待されています。

漁師不足や後継者対策などを目的に、漁師の経験や勘を、センサやAIを使ってデジタル化し漁業をサポートする「スマート漁業」の取り組みが進んでいるんだ。養殖での自動餌やりや、水揚げデータの予測などに使われているよ。

 考えてみよう＆やってみよう！

①この課題がどのSDGsにかかわってくるのか考えてみよう。

②「コモンズの悲劇（共有資源の乱獲による資源の枯渇）」について調べ、日本はどのように取り組むことが求められているか、議論を深めてみよう。

③今日では、プラスチックゴミによる海洋汚染が、漁獲量減少に拍車をかけている。陸のゴミ問題や私たちのライフスタイルと、海の問題とを関連づけて考えてみよう。

2 止まらない気候変動

身近な問題から考えよう

くわしくはこちら

猛暑や大雨などの異常気象は人間の活動が招いている

最近では、猛暑や大雨、洪水など気候・災害に関するニュースがひんぱんに報じられています。社会の豊かさを追い求めるあまり、CO_2の排出や森林伐採など環境に負荷をかけた結果が気候変動であり、私たちも無関係ではありません。経済や暮らしのあり方を見直し、気候変動に「ストップ」をかけられるのは人間だけなのです。

猛暑は学校活動にも影響しているよ。暑さで体育や部活動が中止になったと聞いたことがあるかな。屋外プールを使った授業が中止になったり、運動会も残暑の厳しい秋でなく春の開催が増えているよ。

2023年度、天候等を理由にプール授業を中止した小学校の割合
（東京都のある区の区立小学校の数字）

猛暑による中止学校数は **45.7%**

中止した学校 74.6%	中止していない学校 25.4%

 考えてみよう＆やってみよう！

①この課題がどのSDGsにかかわってくるのか考えてみよう。

②気候変動がもたらす、日本の季節観の変化について議論を深めてみよう。

③最近の自然現象や、その自然現象がもたらす被害について、国内外の事例を調べてみよう。

 # 非効率すぎる政治・行政

政治の世界が変わらないと日本は良くならない？

行政機関が「縦割り」で組織される日本。複数の省庁が同じ課題に取り組む際に、調整不足や重複が生じることがあります。しかし、昔のままの仕組みや習わしによる不透明で非効率な運営では、山積みになっている課題にスピーディーに対応できません。国家公務員の長時間労働も課題になっています。スリムでオープン、無駄のない政治のかたちを確立しなければなりません。

「一票の格差」という言葉を知っているかな。同じ選挙で、選挙権を持つ人の数がどれだけ違うかを表す指標なんだけど、「一票の価値」とも表現されて、一人ひとりの意見の重さが違うことが問題になっているんだ。

考えてみよう＆やってみよう！

①この課題がどのSDGsにかかわってくるのか考えてみよう。

②昔のままの仕組みや習わしによる不透明で非効率な運営は、なぜ変わらずにいままで継承されてきたのだろうか？その理由について、議論を深めてみよう。

③効率を高めるだけでなく、効果も高める政治・行政が期待されている。縦割りが強い行政において、縦割りを越え、相乗効果を生み出す行政の姿について議論を深めてみよう。

2 社会づくりに参加しやすく

身近な問題から考えよう

くわしくはこちら

生きやすい社会はみんなでつくる

成年年齢の引き下げによって、国民の気持ちや考えを伝える選挙に18歳から投票できるようになりました。ただ、選挙だけが社会をつくる方法ではありません。地域のボランティア活動に参加したり、まちづくりに使うお金を寄付したり…。小さなことでも自分から行動を起こし、社会に参加して身近な課題を解決することも、立派な社会づくりです。

2023年に施行された「こども基本法」は、すべての子どもや若者が将来にわたって幸せな生活ができる社会を実現するためにつくられた法律なんだ。意見を言える機会をつくること、その意見を尊重することが理念の一つだよ。

くわしい内容は、こども家庭庁公式サイトに掲載されているパンフレットをチェック。

 考えてみよう＆やってみよう！

①この課題がどのSDGsにかかわってくるのか考えてみよう。

②社会づくりにおいて、これまでの自治体（団体自治）に頼るだけではなく、地域住民の参画による自治（住民自治）が重要であるといわれている。住民自治について、調べてみよう。

③成年年齢の18歳への引き下げで、変わること、注意しなければならないことはなんだろうか？議論を深めてみよう。

時代に合わせた幸せの模索と実現

夢や希望を描いた先に自分らしい人生がある

幸せのかたちはひとつではなく、人によって、時代によって変わります。だからこそ一人ひとりが理想の幸せを見つけ出し、実現に向けて行動することが大切です。一方で、経済的な不安や孤独が原因で、夢や希望を描きづらい人も少なくありません。自分らしい幸せな生き方を描き、社会もそれを受け入れるにはどうすれば良いのでしょうか。

これからの時代の考え方として注目されているのが、健康、幸福、福祉などの意味を持つ「ウェルビーイング」。経済的に豊かであることが幸せという考え方から、心と身体が満たされていることが幸せというふうに、幸せの捉え方が変わってきているよ。

考えてみよう＆やってみよう！

① この課題がどのSDGsにかかわってくるのか考えてみよう。

② 人によっても、世代によっても、国によっても「幸せ」のイメージが異なる。多様な人たちにインタビューをし、「幸せ」の多様性について理解を深めてみよう。

③ コロナ禍の経験を経て、自分が重要であると感じた「幸せ」の姿について、書き留めてみよう。

2 身近な問題から考えよう

くい止めたい不信と不和の連鎖

くわしくはこちら

戦争により子どもたちの未来が奪われている

ロシアのウクライナ侵攻、イスラエルのガザ侵攻をはじめ、世界各地で戦争・紛争が起きています。私たちの身近な生活のなかでも、SNSでの誹謗中傷やフェイクニュースなど、人と人の信頼関係を損ない、地域社会や家庭、学校での関係性の構築を妨げるような出来事が起きています。子どもたちが安心でき自分らしい未来を描けるよう、不信と不和の連鎖を断ち切り、前向きな社会をともにつくらなければなりません。

日本の戦争が終わったのは1945年だから、戦争を実際に経験した人たちが少なくなっているんだ。だから、戦争を経験した人や、戦争で家族を失った人たちによって、戦争を語り継ぐ活動がいまも続いているよ。

2025年の戦後80年に向けて、本年度より日本遺族会の語り部が国の補助事業に。

 考えてみよう＆やってみよう！

①この課題がどのSDGsにかかわってくるのか考えてみよう。

②「不信と不和の連鎖」は、世界レベルだけでなく、国内、地域、自分の人間関係にもあるといわれている。連鎖の悪循環をくい止めるには、どのような方策があるだろうか？議論を深めてみよう。

③問題解決の発想を超え、互いに価値を創る（共創）営みには、どのような事例があるだろうか？調べてみよう。

グローバルでつながる経済の課題

「自分さえ良ければいい」ではもうやっていけない

コロナ禍での経済不況、戦争による貿易ネットワークの混乱、気候変動下の食料不足など、経済のグローバル化により日本社会や私たちの生活に影響を与える変化が多発しています。これらは地球規模で共有すべき課題であり、世界中の企業や人々が連携することで初めて解決へと向かいます。「自分の国さえ良ければいい」という考えでは、もう乗り越えられないのです。

2013年4月にバングラデシュで商業ビル「ラナ・プラザ」が崩落した事故があったんだ。ラナ・プラザにはファッションブランドの縫製工場が入っていて、世界のファッション産業が劣悪な労働環境の上に成り立っていると知られるきっかけになったんだよ。

ラナ・プラザ崩落事故の現場。

 考えてみよう＆やってみよう！

①この課題がどのSDGsにかかわってくるのか考えてみよう。

②大量生産・販売をするファストファッションは、グローバルでつながる経済活動の代表例である。ファストファッションの問題点について、労働問題と環境問題の視点から考察し、議論を深めてみよう。

③今日では、経済力のある国々が、経済力のない国々に対して、構造的に圧力をかけているといわれている。この意味合いについて、議論を深めてみよう。

2 身近な問題から考えよう

高ストレス型社会からの脱却

くわしくはこちら

不安、中傷、孤独感…ここから解放されるには？

日本は暮らす人の約半数が「日常生活での悩みやストレスがある」と答える高ストレス型社会です。SNSなどでの中傷に傷つき自ら命を絶ってしまう人がいるなど、ストレス問題は深刻化しています。生きづらさや不自由さから解放されて、他者を信頼し、心穏やかに生活できる社会をつくる上で、いま欠けていることはなんでしょうか。

スクールカウンセラーやソーシャルワーカー、家族や友人に、どんどん相談しよう。ひとりで抱え込むよりも、誰かに相談して頼ることが大切だよ。それはかっこ悪いことじゃない。人とかかわることこそ、これからの時代に必要なんだ。

中学生の悩みについてのアンケート

1位	学習に関すること	35.2%
2位	学校での友だち関係	20.7%
3位	学校での先生との関わり	9.0%

学研教育総合研究所「中学生白書2023」より作成

考えてみよう&やってみよう！

①この課題がどのSDGsにかかわってくるのか考えてみよう。

②経験しているストレスにもさまざまな原因（例：学校、ホルモン変動、受験期、人間関係）があるといわれている。自分のストレスが、どのような原因によるものなのか、考えてみよう。

③ストレスへの対応策、軽減策について、事例をふまえて共有をしてみよう。

日本の課題をもっと知ろう、解決のアイデアをみんなで共有しよう！

「社会課題解決中マップ」「応援会議 ── Beyondミーティング」

ETIC.は、社会課題に取り組み、もっと日本を元気にしようと活動するみんなを応援するNPO法人です。ウェブサイトで日本の社会課題についての情報を発信したり、話し合いの場を提供しています。日本の社会課題やSDGsに関心を持った人は、ぜひこちらも見てみてくださいね。

くわしくはこちら

日本の課題についてもっと知りたい！

「社会課題解決中マップ」を見てみよう

ETIC.では、P32-34で紹介した日本の社会課題を解説した「社会課題解決中マップ」をウェブサイト上で公開しています。それぞれの課題にひもづける形で、解決に向けて取り組まれているプロジェクトも紹介。その数、なんと600件以上！誰がどんなふうに取り組みを進めているのか、ぜひ覗いてみてくださいね。

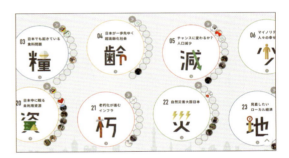

解決のアイデアをみんなと共有したい！

くわしくはこちら

「Beyondミーティング（応援会議）」に参加しよう、開催しよう

この本を読んで「こういうことをやってみてはどうだろう」「これも課題じゃないか」などのアイデアが頭に浮かんだら、ぜひみんなで共有しましょう。ETIC.では、毎月1回、「Beyondミーティング」という応援会議イベントを開催しています。「Beyond」とは、「お互いの立場を超えて」という意味。高校生や大学生、企業の人、公務員やNPOの人も、みんなで一緒になって実現したいアイデアを発表し、応援し合う場です。実際に高校生のアイデアからプロジェクトが立ち上がり、実現に向けて動き始めたこともあります。「Beyondミーティング」は、アイデアを持っている人同士が集まれば、いつでもどこでも開催できます。みんなも、学校や部活動、おうちの人とやってみよう！

● 「Beyondミーティング」の流れ

「もっとこうしたい」「こんなことがあったらいいな」などのアイデアを持っている人同士で集まろう。

それぞれの人がアイデアを発表しよう。

「アイデアをもっとよくするには？」「本当に実現するにはどうすればいい？」とみんなで一緒に考えてみよう。

2 身近な問題から考えよう

ファッションの未来を示した パリでの提案

世界のファッショントレンドの発信地であるフランス パリでサステナブルな素材を使ったコレクションを発表して注目を集めた日本人デザイナーがいる。ファッション産業の最前線での取り組みを紹介するよ。

デザイナーとしてメッセージを発信

パリのオートクチュールウィーク（通称パリコレ）は、世界で最大のファッションショーとして知られている。毎年有名なブランドが新作を発表し、トレンドが発信される。世界中からジャーナリストが取材に訪れ、アパレル関係者や俳優なども多数参加する華やかな場所だ。

ここで2016年からコレクションを発表しているのが、ファッションデザイナーの中里唯馬さんだ。2023年には古着からアップサイクルした布や、人工タンパク質を用いた環境負荷の少ない繊維素材でできた服を発表。大きな話題になったよ。

中里さんは実は服を制作する前に、アフリカのケニアに服の「ゴミ山」を見に行っている。大量に作られすぎて余った服が世界中から運び込まれ、古着として売られ、それでも売れない服が積み上げられて巨大なゴミの山になっている…。そんな光景にショックを受け、服の作り手として大いに悩んだ。

世界でこんなに服が余っているのに、まだ新しい服を作る必要はあるのだろうか？そんな葛藤を超え、中里さんが選択したのは、ファッションショーという新しい服の消費を促す場で、これまでとは異なる服の制作・消費サイクルや、サステナビリティに配慮した衣服の提案をすること。服が引き起こした問題に目を向け、解決の方法を考えようと、世界のファッション関係者にメッセージを発信したんだ。

そのストーリーは、映画『燃えるドレスを紡いで』として公開されているよ（くわしくは123ページ）。

パリで発表した「ユイマ ナカザト」2023年春夏コレクション。
©Luca Tombolini

中里 唯馬さん

「ユイマ ナカザト」デザイナー。日本人で唯一パリ・オートクチュールコレクションの公式ゲストデザイナーに選ばれ、継続的に作品を発表している。

人工タンパク質「ブリュード・プロテイン™素材」の素材加工例。山形のバイオベンチャー・スパイバー社が開発した。微生物発酵によって作られるため、綿花や石油、動物繊維などの資源に頼らないものづくりができ、CO_2の排出量も抑えられる。

第3章
課題を解決する取り組みを知ろう！

みんなが身近な課題について調べていると、ある日、学校で「浴衣の着付け」の体験授業が行われました。

先生からの「今日は、日本の伝統的な衣装である浴衣をみんなで着てみましょう！」という言葉に続いて、着付けの先生から「みなさん、このなかから好きな浴衣を選んで着てくださいね」と声掛けがありました。

思い思いの浴衣を着始める4人。みのりは、先生が用意してくれた浴衣ではなく、自分で持ってきたようです。

ゆみ「あれ？みのりは自分で浴衣を持ってきたの？」
みのり「うん！おばあちゃんの若い時の浴衣をもらったの。とっても気に入ってるんだ」

着付けの先生は「着物は何代にもわたって着れるのがいいところなの。とてもよく似合ってるわ」と、みのりを褒(ほ)めながら、着付けの方法をみんなに教えていきます。

先生に教えてもらいながら、4人は一生懸命(いっしょうけんめい)、着付けをしてきます。

着付けの体験授業で、それぞれ気づきがあったようです。

ゆみ「いろんな柄があって楽しいね」

みのり「今度の夏祭りは、みんなで浴衣を着ていかない？」

けんた「浴衣って思ったより涼しいんだな。祭り、行こう行こう！」

アレックス「初めてだったから難しかったけど、すごい達成感だよ。アメリカの友だちにも見せたいな」

そんな4人を見ながら先生は「浴衣や着物は日本の伝統服。柄で季節を表現したり、四季を大事にする日本の文化とも結びついているの。染料も、その土地で採れたものを使って染めていたりしたのよ。昔の人は、着古した着物もリメイクしたりして、最後まで大事に使っていたんだよ」と、みんなに浴衣や着物の文化を伝えます。

服は、それぞれの土地の気候や文化、産業と深く結びついていると知った4人。「はじめて知ることばかりだったよ」「日本の文化について、もっと知りたい！」と感想を言い合いました。

浴衣という身近なものにも、日本の伝統文化や環境に配慮した考えが息づいていることを楽しみながら発見した4人でした。

3 課題を解決する取り組みを知ろう！

一生に一度の晴れ舞台を誰もが体験できる社会に

七五三・成人振袖支援プロジェクト

どんな事情の子どもにも七五三や成人式のお祝いを！

日本には、七五三など成長の節目に晴れ着を着てお祝いをし、この先の幸せを願う文化があるよね。でも、児童養護施設や母子生活支援施設、障がい者施設などにいる子どものなかには、親と暮らしていない、生活に余裕がない、車椅子で着物がうまく着られない…などさまざまな理由でお祝いをされる機会のない子どもたちもいる。NPO法人きもの笑福では、そんな子どもたちに、着物の貸し出しや着付け、撮影をしてアルバムをプレゼントする活動をしているんだ。七五三だけでなく成人式でも同じように、全国の施設を一つひとつ訪ね、振袖の着付けをしている。一生に一度の晴れ舞台を心を込めて祝うことで、その人の人生の力になりたい、その後もいろんなことに挑戦する力になってほしい。そんな気持ちが込められているんだよ。

この活動のきっかけは、10年前にある中学校で行った浴衣の講座でした。その学校は児童養護施設の子どもが多く、浴衣や七五三の着物を着たことがない子が多かったんです。そこから着付け学校の仲間と話し合い、この活動を始めました。

みんなにお祝いしてもらうって、うれしいことですよね。着付けに行くと、最初はみんなちょっと不安な顔をしていますが、いつもと違う装いになることで、だんだん笑顔が出てきます。それを写真に収めてアルバムにして渡すことで、「祝われた」という思い出を残したいんです。学ぶこと、楽しむこと、そして祝われることは誰もが平等であるべき。そんな理念を持って活動しています。

最近は「自分の使った振袖を使ってほしい」と寄付してくださる方も増えました。応援してくれる人の思いも一緒に、これからも活動を続けていきます。

NPO法人 きもの笑福
理事長
鎌田 弘美さん

着物って、誰かの人生を応援できる力もあるんだね…！鎌田さんは、子どもの時から着物が好きで、クラスのみんながドラマを見ていた時も、自分は時代劇を見ていたんだって。その「好き」を大事にし続けたことが、いまの活動につながったんだね！

環境と天然素材に配慮した
世界初のエコ染色システム

坂本デニム

伝統技術を進化させ
日本の藍染を世界へ

広島県福山市にある「坂本デニム」は、デニムの糸の染色をしている会社だよ。もとは糸を手作業で藍染する工房として1892年に創業。戦後のデニムブームをきっかけに、3代目社長がデニムの風合いを出す染色法を生み出し、国内初となる自動連続染色の機械化に成功。1969年に現在の社名に変更して、デニム染色事業を拡大していったんだ。

デニムを美しく染めるためには糸の汚れを洗い落とす必要があり、通常は化学薬品と温水が使われている。2000年頃からオーガニックコットンが原料の主流となった際に、4代目の現社長は「染めの工程でも、天然素材への負荷を減らし、環境に配慮した洗浄はできないか？」と研究を重ねたんだ。そして2014年、電解水で汚れを落とす「エコ染色システム」が誕生！常温で洗浄ができるから、重油使用量が減りCO2を700トンも削減できたんだ。世界初のこのシステムは、長年培ってきたインディゴ染色技術と共に、海外からも注目を集めているよ。

**取締役副社長
坂本 磨耶さん**

子どものころから職人の仕事が好きで、3代目社長の祖父が作務衣を着て藍染をする姿を見て、「職人ってすごい、日本のものづくりってかっこいい！」と憧れていました。大学進学で地元を離れていたけれど、卒論で「坂本デニム」をテーマに会社の歴史をたどり、「藍染を原点としたインディゴ染色を未来に残したい！」と強く思い、地元に戻って5代目に立候補しました。いまはお客さまの注文を受けつけたり、会社の取り組みを伝える仕事を担当しています。

これからは、新たに作られる国産素材や、天然由来の染料などを使った染色を強化していきたいです。自然由来の染料は染色が難しいと言われているけれど、努力と進化を重ねてきたのが私たちのスタイル。これまで培ってきたノウハウを活かして、挑戦を続けていきたいと思います。

オレもデニム大好き！日本にはデニムの藍染メーカーは少ししかないんだって。坂本デニムさんは、エコ染色システムで天然藍染料を使用したエコデニム生地の開発も行っているよ。どんな色なのか実際に見てみたいな。

日本古来の染色を次世代へ
高校生が挑戦する日本茜栽培

千葉県立成田西陵高等学校園芸科

園芸科での学びを活かし伝統の茜色が現代に復活！

古来から染料に使用されてきた日本茜。日本の国旗にある赤色も実は日本茜だと言われている。近年では栽培する農家が減少し、入手困難になっているんだ。千葉県成田市にある成田西陵高等学校では、園芸科の生徒が国語の授業で出てきた万葉集で日本茜を知り、「植物染料、日本茜ってどんな色なの？」と興味が湧いて、栽培を始めたんだ。

日本茜は発芽率が低く栽培期間は3年と長い。そこで、学校裏に自生していた竹や収穫した米のもみ殻を炭にして、畑の土に混ぜて土壌を改善。苗は高畝に植えて、ツルをネットにはわせることで日当たりをよくするなど、学校で学んだ知識を活かして発育を促進させたよ。

収穫した日本茜は、鹿角紫根染・茜染研究会の工房で色の出かたを検証。古来からの自生種と色も成分も同じで、染色の価値があることが判明したよ。いまもさらに研究を重ねて、日本茜で地域活性化を目指しているんだ。

成田西陵高等学校 園芸科 3年生 清水 陽平さん

私たちは、学校で野菜・果樹・草花の栽培の専門知識を学びながら、「耕作放棄地の有効活用」における環境問題への取り組みも行っています。その一環で日本茜の栽培に挑戦し、千葉県内の使われていない農地に植え替えをして育てています。

日本茜をたくさんの人に知ってもらうためのさまざまな活動も行っていて、地域の小学生と一緒に日本茜染めや、日本茜で染めたかんざし「つまみかざり」の制作、苗植え・植え替え体験をしました。小学生に日本茜の魅力を伝えることで、コミュニケーションの大切さを知ることができてとても楽しかったな。これからも、エコイベントや環境活動発表会などに参加して、日本の国旗にも使われている日本茜染色を、全国各地、世界各国に広めていきたいです。

日本茜の茎にはトゲがあって鳥獣被害対策にも活かせるんだって。除草する時はチクチクして大変だっていってたよ。煮だす時間によって色が変わるから、どんな色になるかドキドキするみたい。ぼくも日本茜でいろいろなものを染めてみたい！

地域に眠る未利用資源から
地元に新しい産業を生みだす

Curelabo（キュアラボ）

さとうきびの搾りかすが「かりゆしウェア」に大変身

砂糖を作るために世界中で栽培されているさとうきび。砂糖を作る工程で発生する搾りかす「バガス」の年間発生量は世界で5億トンと言われ、その有効活用法は世界中で模索されている。日本では沖縄で最も多く生産されていて、沖縄の代表的な農作物となっているよ。その沖縄で、バガスを原料に使った服を作っている会社がCurelaboだ。その製法は独特で、沖縄の製糖工場から出るバガスを県内で粉砕加工し、それを使ってまず服の材料にも使える紙を作る。その紙を細くスリット状にし撚り合わせて糸に加工、生地に織り上げているんだ。ジーンズやバッグのほか、沖縄独自のウェアで知られる「かりゆしウェア」も生産。作られたかりゆしウェアは、沖縄県内のホテルなどと連携して、宿泊客に貸し出すシェアリングサービスを行っているよ。

取締役CSO
小渡 晋治さん

私は沖縄出身で、東京の大学を出て証券会社で資金調達などの仕事をしたあと、沖縄に戻ってきました。一度外に出たことで気づいたのは、沖縄には素晴らしい資源がいっぱいあるということです。美しい自然や歴史文化、バガスもそのひとつだと思っています。沖縄は貧困格差や教育格差の問題がありますが、一方で出生率は日本で一番高く子どもは多い。一度外に出たからこそわかる、たくさんのポテンシャルがあります。それを引き出す仕事を沖縄に作っていきたいと思っています。Curelaboでは、バガスだけでなくさまざまな残渣（農作物の収穫や製造・加工の際に生じる、食べられない部分や廃棄物）を、服や食品、紙などに再生することに挑戦しています。それまで捨てていたものが姿を変えて、地域の新しいお土産になったり、特産品になる。そこにすごく可能性を感じます。

沖縄から始まった残渣のアップサイクルの取り組みは、いまでは全国18カ所に広がっているんだって。私たちの身近なところにも、実は活用されていない資源がまだまだあるのかもしれないね！

81

3 課題を解決する取り組みを知ろう！

仏教の国タイで提唱された持続可能な社会をつくる考え方って？

「足るを知る経済」

タイで70年以上にわたって国を治め、国民に愛されたプミポン国王という王様がいる。そのプミポン国王が提唱した「足るを知る経済」という考え方には、持続可能な社会のヒントが詰まっている。タイの研究者である中央大学 木村有里先生に教えてもらうよ。

「足るを知る経済」とは？

1997年にタイは「通貨危機」*という金融危機に襲われました。国の経済は混乱し、国民の生活は苦しくなりました。その年プミポン国王（当時）は傷ついた国民を励まし、もう一度、自分たちの生活や経済を見直しましょうと呼びかけました。「もっと早く！もっと多く！」ではなく、必要なものを必要な量だけで満足することを知れば、心も生活も豊かになります。仏教の教えから生まれたこの考えは、「足るを知る経済」と呼ばれるように

なり、いまでもタイの企業経営や農地開発などに広く活かされています。

*その国の通貨の価値が突然下がり、経済に大きな打撃を与えること。

中央大学国際経営学部
木村 有里教授

私は9歳まで、タイの東北部の農村地域で育ちました。父がタイで政府開発援助（ODA）の仕事をしていたからです。タイの子どもたちと一緒に水牛に乗って学校に通っていました。日本人とタイ人は一緒に遊ぶ時には仲良くできる。でも仕事だとうまくいかないことがある。それはなぜなんだろう…？子どもの頃に感じたそんな疑問から、異なる文化の人たちが一緒にうまく働くための「異文化マネジメント」研究の道に進みました。タイと日本は学び合えることが多くあります。「足るを知る経済」はそのひとつです。人類は、異なる文化との交流から学ぶことを繰り返し、発展してきました。みなさんの周りの身近な人、地域、国々にもぜひ目を向けてみてください。きっと素晴らしい文化があり、学べることがたくさん見つかりますよ。

タイでは「足るを知る経済」によって、世界に先駆けて持続可能な社会への取り組みが行われてきたんだね。近年ではタイ国内でも、「SDGs」と「充足（Sufficiency）」と組み合わせた「Sufficiency for Sustainability（S4S）」という言葉が生まれ、再び注目を集めているそうだよ。

第4章
課題解決に挑む企業にインタビュー

学びを通して、ファッション以外の分野にも目を向ける4人。アレックスが「ファッションを通して、さまざまな問題を解決できるんだね」と気がつけば、けんたも「ファッションって、スポーツとかほかの分野にも関連するって、いまさら気づいたよ」と、視野が広がったようです。

みのりとゆみも「服を作る過程でかかわり合う人たちが、協力し合うことが必要なんだね」「これから、服を選ぶことが、もっと楽しくなっちゃった！」と、前向きな気持ちになれました。

調べたこと、気づいたことから、会話は自然と自分たちの将来のことへ。
アレックス「人を助けることって、医師だけができることではないんだって改めてわかったよ」
みのり「実際に、そういう気持ちで仕事をしている大人っているのかな」
と、興味がさらに湧いてきました。

「話を聞いてみたい！」と声をそろえる4人。そこでさまざまな企業の人から、たくさんの活動について話を聞いてみるため、企業訪問をすることになったのでした。

次ページからは企業の取り組みを紹介するよ。紹介されている内容を入口に、自身がそれぞれの取り組みをしっかり調べ、判断することが大事だよ！

4 課題解決に挑む企業にインタビュー

IG CONSULTING

WELCOME｜アイジーコンサルティングからの取材招待状

企画・広報　高木 春佳さん

林業に携わる人や里山の環境を守りたい！
国産の木を丸ごと無駄なく活用して
丈夫で長持ちする家を作っているよ。

Q　アイジーコンサルティングさんは何をしている会社なの？

家の柱や土台に使われている木材を食べてしまうシロアリの防除や雨漏りの修繕など、建物を長持ちさせるメンテナンスから始まった会社だよ。いまでは、国産の木で新しい家を建てたり、リフォームしたり、空き家をリノベーションしたりと、「長持ちさせる文化」を大切に、住宅にかかわるさまざまな事業を展開しているよ。

国産の木材をふんだんに使ったモデルハウス。

シロアリに食べられた建物は、地震の時に倒壊するかもしれないんだって。小さなアリだからって軽く考えたら大変なことに！建物のメンテナンスって大事なんだね。

86

〈PR〉

Q アイジーコンサルティングさんのSDGsアクションは？

一本の木を丸ごと活用し林業と里山の環境をダブルで改善！

国産の木は質が良いけれど高くて売れない…木が売れないと山林管理の費用が生み出せず、森林が荒れてしまう。そこで、木材産業を元気にしたいと思う人たちが職種の垣根を越えて一致団結！問題点を話し合い課題を解決する「JAPAN WOOD PROJECT」を始動させたよ。まずは、太い木から柱・梁を切り出したあとに残る端材を建具や家具などに加工。木を余すところなく活用することで材料費が下がり、適正価格で国産の木を提供できるようになったんだ。ほかにも使われていない細い木を家の内装材にしたり、みんなで工夫をして木の価値を上げていったよ。山の木を切って使うことで、森の環境も改善されるんだ。

林業から製材屋、木の販売店、住宅会社までが集まって課題を解決したよ。

木で作った遊具を幼稚園へプレゼントするなど、国産の木の良さを伝える活動も。

FUTURE｜アイジーコンサルティングが目指す未来

住宅を建てる時、国産の木を選ぶ「地産地消」が当たり前の社会にしたい！そして林業を営む人たちの暮らしと里山の環境の保全の両立も目指しているよ。いまは静岡県・岐阜県の2地域での展開だけど、今後は日本中にこの活動を広げていきたいな。

取材の感想

JAPAN WOOD PROJECTでは、立場の違う人が集まって話し合った結果、それまで知らなかったそれぞれの仕事や課題がわかるようになって、スムーズにプロジェクトが動き出したんだって。相手のことを深く知ることは大切だね。自分では思いつかなかったアイデアも生まれそう！

公式ホームページはこちら：https://ig-consulting.co.jp/

4 赤塚植物園グループ

課題解決に挑む企業にインタビュー

WELCOME｜赤塚植物園グループからの取材招待状

フィランソ事業本部
長谷川 太郎さん

魚介類の養殖に使った水が
海の生態系を復活させる！？
ある「海の植物」が活躍しているよ。

Q 赤塚植物園グループさんは何をしている会社なの？

園芸植物の生産や販売、品種改良、園芸専門店や植物鑑賞ができる庭園の運営などをしているよ。動植物の生育をサポートする研究にも力を入れていて、特殊な鉄分を用いて水の機能を高める技術「FFCテクノロジー」により、さまざまな産業に役立つ製品開発も行っているんだ。

水を改質するFFCセラミックスや農作物の環境適応能力を高める「FFCエース」など、FFCテクノロジーによる商品を開発。

しだれ梅の研究栽培農園「鈴鹿の森庭園」。日本の伝統園芸文化の継承を目的として栽培されています。

植物を育てたり、生き物を元気にすることのプロなんだね！海では、どんな研究をしているんだろう？

〈PR〉

ズバリ質問！

Q 赤塚植物園グループさんのSDGsアクションは？

水の技術「FFCテクノロジー」で海の生態系を育むアマモ場の再生を目指す

アマモという海の植物を知っているかな？アマモは水深1～5m程の砂泥地に根を張り繁殖する海草。アマモが生い茂るアマモ場は、魚やエビ・カニなどの住処となり「海のゆりかご」と呼ばれているよ。でも、そんな海の生態系にとって大切な植物が、埋め立てや排水流入による水質悪化で減少しているんだ。日本各地でアマモ場の再生活動が行われるなか、魚介類を元気に育てるためにFFCテクノロジーで水質改善を行った養殖場から、「養殖場の水を放出していた海にアマモ場が復活した！」という声が届いたよ。そこにヒントを得て、FFCテクノロジーでアマモ場を再生する研究を始めたんだ。

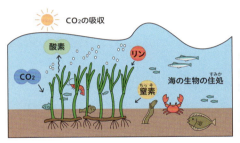

アマモは光合成により海水中のCO₂を吸収。取り込まれた炭素は「ブルーカーボン」と呼ばれ、脱炭素に役立つといわれている。

FFCテクノロジーで水質改善を行った活魚店の水が放出した先で復活したアマモ場。

FUTURE | 赤塚植物園グループが目指す未来

アマモは光合成をしてCO₂を吸収するので、地球温暖化の緩和に役立つ生態系としても注目されているんだ。これからもFFCの技術を使ってもらえるパートナーと共に、チャレンジを続けていくよ。そして、自然環境が良くなる社会の実現や産業の発展に貢献していきたいな。

取材の感想

自然環境を守るためにはゴミや悪い排出物を減らさなきゃと考えがちだけど、養殖で使った水できれいな海が復活したなんてすごいね。きれいな海で育ったアマモ場を見に行ってみたいな。

公式ホームページはこちら：https://www.akatsuka.gr.jp/

89

4 ENEOS Xplora株式会社

課題解決に挑む企業にインタビュー

WELCOME | ENEOS Xploraからの取材招待状

総務部広報・渉外グループ
柳田 さや香さん

CO_2を回収して、地中に埋める！？
日本企業発で国際的な
CO_2回収プロジェクトが進んでいるよ。

Q ENEOS Xploraさんは何をしている会社なの？

火力発電や自動車、飛行機の燃料などに使われている石油や天然ガスなどの化石燃料。その貴重な資源を世界中の海底や地下から探して地表に取り出し、エネルギーとして使えるように開発・生産をしています。実は日本で使われているエネルギーの一部も、私たちの会社が開発・生産したものなんだよ。

石油や天然ガスを、世界中で探し出して、みんなの元に届けているよ。

日本の電気は、大半が化石燃料を使用した火力発電でつくられているって習ったよ。でもたくさんのCO_2が出るよね…？

ズバリ質問！

〈PR〉

Q ENEOS Xplora さんのSDGsアクションは？

火力発電のカーボンニュートラルを目指して アメリカの最新プロジェクトに参加

アメリカで、発電所から出るCO2を回収して地中に埋めるプロジェクトに参加しているよ。回収したCO2は油田に送って有効利用しているんだ。このプロジェクトでは、年間140万トン（自家用車約61万台が1年間排出する量と同じくらい）のCO2を回収できる、世界最大規模のCO2回収装置が使われているよ。

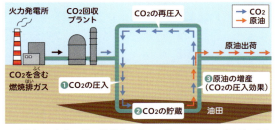

アメリカ・テキサス州で進行中のPetra Nova CCUSプロジェクトの仕組み。

エネルギーと地球環境の未来を考える 出前授業を開催！

私たちの生活に深く根付いている石油・天然ガスというエネルギーの大切さを知ってもらいたい、それと同時に、エネルギーを使い続けることによる課題を考えてもらいたい、そんな思いから小学校で出前授業を始めたよ。未来のためにいま何ができるのか？みんなで考えてもらう時間にしたいんだ。

クイズ形式などで、楽しく環境問題を考える授業を行っているよ。

FUTURE | ENEOS Xploraが目指す未来

石油・天然ガス産業はCO2の排出量が大規模な産業だからこそ、CO2回収に取り組むことは大きなインパクト（効果）があるよ。みんなの日々の生活を支えるエネルギーを安定的に供給しながら、カーボンニュートラルを実現する。その両立を目標に、これからも取り組んでいくよ。

取材の感想

海外での石油・天然ガス開発って遠い話のようだけど、日本で当たり前のように使っている電気も、車や飛行機を動かす燃料も、こうして世界の資源を使って作られているんだね。私たちも無駄のない使い方をしないといけないね。

公式ホームページはこちら：http://www.eneos-xplora.com

4 課題解決に挑む企業にインタビュー

WELCOME｜キャロウェイゴルフからの取材招待状

キャロウェイ・サステナビリティ・コミッティ プロジェクトリーダー
喜田 慎さん

> 地域の人や学生たちと森づくり！
> 外遊びが楽しめる自然環境を
> 未来につなげていくよ。

Q　キャロウェイゴルフさんは何をしている会社なの？

ゴルフクラブやボール、ウエアなどゴルフに関連をした商品を製造販売しているよ。誰もが使いやすく、ゴルフをすることが楽しくなるような商品づくりをモットーにしているんだ。廃棄予定のゴルフクラブを授業用に学生に提供したり、クラブやアパレルのリサイクルを行ったりもしているよ。

「キャロウェイ」「オデッセイ」のゴルフクラブ、ボール、アクセサリーなどを製造販売。

専任のフィッターがデータに基づき最適なクラブをおすすめするフィッティングサービスも。

ゴルフに関するたくさんのアイテムを作っているんだね！でもゴルフと森づくり、どんな関係があるのかな？

〈PR〉

Q キャロウェイゴルフさんのSDGsアクションは？

森を整備して自然本来の多様性を取り戻す「キャロウェイの森」プロジェクト

昔から林業で栄えてきた人工林率78.6％の鳥取県智頭町。人工林の健康を保つには森林整備が必要だけど、林業の後継者不足で手つかずの状態に。そこで地域と協力して、人工林が森本来の多様性を取り戻すための植樹や獣害対策に取り組んでいるよ。森が元気になると、周辺の川や海の多様性にもつながるんだ！

日本海へと注ぐ千代川の源流域にある「キャロウェイの森」を整備しているよ。

学生と一緒に環境保全プログラムを実施
みんなのアイデアを取り入れながら地域活性化

ゴルフの授業に参加する大学生を「キャロウェイの森」に招待して、環境保全体験プログラムを提供する「未来につなぐ森：共創プロジェクト」を行っているよ。森づくりや地域の人との交流を通して、地域の魅力や課題だけでなく、生活や産業まで理解をしてもらう機会をつくっているんだ。若い人たちが自然環境を守っていくことに関心を持つきっかけになるとうれしいな。

植樹や種まきのほか、よもぎ摘みをして、地元の人とよもぎ餅作りにも挑戦したよ。

FUTURE｜キャロウェイゴルフが目指す未来

私たちがかかわるゴルフは「外遊び」のひとつ。「外遊び」のできる豊かな自然環境を未来へつなげていくことがミッションだよ。そのためには小さなことでもアクションを起こすことが大切。今後も仲間たちと協力し合いながら、キャロウェイゴルフの活動で緑を守り続けていくよ。

取材の感想

整備が必要な人工林の森は、全国にまだまだあるみたい。人工林の森が健康な状態でなくなると、土砂崩れなど環境面でのリスクも高くなるんだって！大切な森を守るために私たちにもできることはあるかな？考えてみよう！

公式ホームページはこちら：https://www.callawaygolf.jp/

4 課題解決に挑む企業にインタビュー

WELCOME ｜ ザ・サウザンド京都（京阪ホテルズ＆リゾーツ）からの取材招待状

セールス＆マーケティング部
和田 麻璃奈さん

世界中から人々が訪れる
京都駅前のホテルの屋上で
ミツバチを育てているよ！

Q ザ・サウザンド京都さんはどんなホテルなの？

私たちが運営するホテル「ザ・サウザンド京都」は、京都の玄関口であるJR京都駅前にあり、世界各地から訪れるゲストを迎えているよ。「千年のホテル」をコンセプトに、サステナブルと心地良さの両立を追求した宿泊サービスやレストランのほか、京都の芸術や文化を体験できるツアーも開催し、"千年の都・京都"で育まれた知恵や文化、おもてなしの心を伝えているんだ。

京都駅すぐ近くに位置し観光に便利なホテルだよ。

名前の「サウザンド（1000）」は京都の千年の歴史を表しているんだね。京都の職人技を間近で見学したり、お寺の特別な場所に入れる拝観ツアーもあるんだって！

ズバリ質問！

〈PR〉

Q ザ・サウザンド京都さんのSDGsアクションは？

京都の駅前で「都市養蜂(ようほう)」
採れたはちみつはホテルのメニューにも

ミツバチは、植物の受粉を行って生物多様性を豊かにする生き物。私たちは、京都の自然環境(かんきょう)を守るための取り組みとして、屋上でミツバチを育てているよ。採れたはちみつは、ホテルのレストランでスイーツや飲み物にして提供し、美味しく楽しくSDGsを進めているんだ。

養蜂家(ようほうか)さんにミツバチの育て方を習ってホテルスタッフがお世話しているよ。

マイ歯ブラシを持って旅をする
そんなライフスタイルを広めたい

プラスチックゴミ問題にホテルができることとして、歯ブラシなどプラスチック製のアメニティの設置をやめたんだ。世界からお客さまが訪れる京都で地球環境(かんきょう)への負荷軽減に取り組むことで、多くの人にサステナブルについて考えるきっかけが届けられると思っているよ。

アメニティが必要な人には手触(てざわ)りが良く繰(く)り返(かえ)し使える木や竹の歯ブラシやくしを用意。

FUTURE | ザ・サウザンド京都が目指す未来

私たちが目指すのは、お客さまはもちろん、周りを取り巻く人々、植物や動物もみんなが笑顔になれる「心地よいホテル」。サステナブルで心豊かになれる提案を続けて、これまで受け継(う)がれてきた観光資源や素晴らしい文化や風景、芸術を未来へと伝えていけたらうれしいな。

取材の感想

京都のホテルに泊(と)まって文化体験やはちみつメニューを楽しみながら、SDGsにも貢献(こうけん)できるのがいいよね！採れたはちみつは花の香りがしてとてもおいしいらしいよ。食べてみたいね！

公式ホームページはこちら：https://www.keihanhotels-resorts.co.jp/the-thousand-kyoto/

4 課題解決に挑む企業にインタビュー

J:COM
あたらしいを、あたりまえに

WELCOME｜J:COM（ジェイコム）からの取材招待状

サステナビリティ推進部
佐藤 由莉奈さん

みんなの安心安全に貢献（こうけん）！
持続可能な環境（かんきょう）・社会のために地域に密着した情報やサービスを届けるよ。

Q J:COM（ジェイコム）さんは何をしている会社なの？

みんなの街で、テレビやインターネット、スマートフォン、電気、ガス、オンライン診療（しんりょう）など便利で楽しいサービスを提供しているよ。地域ならではの情報を発信したり、スポーツや文化イベントを支援（しえん）したり、小中学校ではネットやSNSを安全に使うための課外授業もしているんだ。

街の情報を届ける番組を制作して発信したり、学校で出前授業も行っているよ。

テレビもインターネットも、電気もガスも、家の中で使っている身近なものばかりだね。地域ならではの情報発信って、どういうことをやっているのかな？

ズバリ質問！

〈PR〉

Q J:COM（ジェイコム）さんのSDGsアクションは？

日常から自然災害に備えよう
地域に特化した防災情報を発信

最近、地球温暖化により多くの災害が起きているよね。私たちは、日頃（ひごろ）から防災の意識を高めてもらおうとテレビやインターネットで発信しているんだ。また災害が起きた時は、地域の避難（ひなん）所や暮らしに役立つ情報発信をはじめ、募金（ぼきん）など復興への支援（しえん）もしているよ。

地域ならではの防災の取り組みを3分で紹介（しょうかい）。公式YouTube、「ど・ろーかる」アプリでも配信。

お家（うち）の屋根にソーラーパネル
電気の「地産地消」を進めよう

テレビやインターネットを使うためには電気が必要だよね。J:COM（ジェイコム）は、お家（うち）の屋根に太陽光パネルを置いて、自分で作った電気を自分で使うサービスを始めたんだ。電気を作る時のCO₂を減らせるし、お家（うち）で使いきれなかった電気はJ:COM（ジェイコム）がテレビやインターネットを届けるのに使いたいと考えているよ。

地域のみんなと環境（かんきょう）にやさしい電気を地産地消していきたいんだ！

FUTURE ｜ J:COM（ジェイコム）が目指す未来

私たちが実現したいのは、「みんなが安心安全に暮（く）らせる持続可能な地域社会」。そのために防災情報を発信したり、環境（かんきょう）問題に取り組んでいるよ。そして、たくさんのサービスを通じて、あたらしいワクワクやしあわせをみんなの日常にしていきたいんだ。

取材の感想

防災の授業は学校で受けたけど、防災グッズの準備とか避難（ひなん）場所の確認とか、ちゃんとできてなかったな…。災害は普段（ふだん）からの心構えや準備も大事なんだね。3分の番組ならすぐに観られるし、今度YouTubeでチェックしてみようかな？

公式ホームページはこちら：https://www.jcom.co.jp/corporate/

課題解決に挑む企業にインタビュー

4

WELCOME | 田中鉄工からの取材招待状

サステナブル戦略室
天本 友希さん

家庭の使用済み食用油を使って
地域のみんなが使う道路を作る。
そんな未来を「当たり前」にしていくよ。

Q 田中鉄工さんは何をしている会社なの？

道路、歩道や駐車場に使う、アスファルトを生産する設備「アスファルトプラント」を製造している会社だよ。道路業界のカーボンニュートラル（CO_2排出ゼロ）の実現を目指して、さまざまな先進的な取り組みを行っているんだ。

アスファルトを生産する設備「アスファルトプラント」。材料を乾燥加熱するのに燃料を必要とするよ。

アスファルトプラントで製造したアスファルト合材で、街の道路や駐車場が舗装されているよ。

うわ～、アスファルトを作る機械って、こんなに大きな設備なんだね。ここで使う燃料に、使用済みの食用油を使うのかな？

ズバリ質問！

〈PR〉

Q 田中鉄工さんのSDGsアクションは？

使用済みの食用油（しょくようあぶら）を燃料としてリサイクル
目指すは「エネルギーの地産地消」だよ

家庭で使用された食用油（廃食油（はいしょくゆ））の96%は、ゴミとして捨てられているのを知ってるかな？ 実はこの廃食油（はいしょくゆ）、アスファルトをつくる際の燃料に使えるよ。プラントで排出（はいしゅつ）されるCO_2の77%は燃料から発生しているから、化石燃料の代わりに廃食油（はいしょくゆ）を使えば、CO_2や大気汚染（おせん）を減らせるし、油を捨てないことでゴミを減らすことにもつながるんだ！全国のスーパーや生協などに回収ボックスを設置して廃食油（はいしょくゆ）を集めていて、それを地域の道路づくりに生かすことで、エネルギーの地産地消を目指しているよ。学校や塾（じゅく）での出前授業で、こうした取り組みを伝える活動もしているんだ。

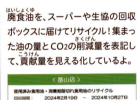

廃食油（はいしょくゆ）を、スーパーや生協の回収ボックスに届けてリサイクル！集まった油の量とCO_2の削減量を表記して、貢献量（こうけんりょう）を見える化しているよ。

FUTURE｜田中鉄工が目指す未来

2030年には国内道路業界のCO_2排出（はいしゅつ）をいまの半分にして2050年にはゼロに！その目標達成に向けて会社一丸となって取り組んでいるんだ。エネルギーの地産地消が普通（ふつう）のことになって、環境（かんきょう）を大切にするローカルSDGsが日本各地で実践（じっせん）されていく──そんな未来の「当たり前」をいまからつくっていくよ。

取材の感想

家で使い終わった油が、そんな未来につながる可能性があるなんて…！廃食油（はいしょくゆ）からはせっけんや飛行機の燃料を作れたり、いろんな使いみちがあるんだって。いまゴミとして捨てているもののなかにも、リサイクルできるものがほかにもあるかもしれないね。資源のリサイクルについて調べてみよう！

公式ホームページはこちら：https://tanaka-iron-works.com/

4 課題解決に挑む企業にインタビュー

WELCOME | 日本特殊陶業（にっぽんとくしゅとうぎょう）からの取材招待状

グローバル戦略本部
サステナビリティ戦略室
中川 崇代さん

セラミックスの力で
空気が清潔・快適に変わる！
そんなスゴい技術を開発したよ。

Q 日本特殊陶業（にっぽんとくしゅとうぎょう）さんは何をしている会社なの？

自動車のエンジンに使われているスパークプラグや排気（はいき）ガスセンサ、半導体製造装置の静電チャック、医療用の酸素濃縮（のうしゅく）装置（いりょう）など、セラミックスを中心に独自の技術でものづくりをしているよ。さまざまな特性を持つセラミックスの可能性を引き出し、みんなの暮らしを豊かにする製品開発にも挑戦（ちょうせん）しているんだ。

世界No.1のシェアを持つスパークプラグ。燃料を点火させる自動車部品だよ。

スマートフォンなどに使われている半導体製造装置の部品にもセラミックスが使われています。

セラミックスは、実は身の回りのいろんな製品に使われているんだね。
半導体製造装置の部品のほかにはどんなものに使われているんだろう？

ズバリ質問！

〈PR〉

Q 日本特殊陶業さんのSDGsアクションは？

セラミックスの力で除湿！
省エネ効果の高い業務用空調機ができました

セラミックスの優れた吸湿性を活用したデシカント（除湿剤）方式の空調機を開発したよ。除湿ローターが空気中の水分を除去し、湿度を下げることで、建物内の結露やカビの発生を抑えるよ。また、湿度が下がると空調（エアコン等）に必要な電力も抑えられ、省エネになるよ。

スーパーマーケットなどの店舗では省エネを実現している例もあるよ。

プラズマオゾンが菌やにおいに直接作用！
空間のオゾン濃度を安全数値に保つセンサの開発も

セラミックパネルからプラズマオゾンを発生させるオゾン空間除菌脱臭機も開発。フィルターをメインで使う空気清浄機と違い、菌やウイルス、においの元に直接作用するんだ。オゾン濃度の高精度制御を実現した独自開発のセンサで人に安全な数値を維持するよ。清潔な環境が必要な高齢者介護施設やクリニックでも使われているんだ。

オゾン空間除菌脱臭機「澄風」。令和6年度愛知発明表彰で「発明奨励賞」を受賞したよ。

FUTURE | 日本特殊陶業が目指す未来

新しいグループロゴ「Niterra（ニテラ）」に込めた「地球を輝かせる企業となる」という想いのもと、私たちが持つ技術やアイデアを使って、世の中が求める製品やサービスを開発・製造していくよ。その取り組みが、環境課題の解決や持続可能な社会の実現につながるとうれしいな。

取材の感想

お店や病院の空気も、セラミックスの力でよくなるんだね。みんなの目に見えないところで、気持ちよく過ごせるようにしてくれる技術があるんだって気づいたよ。人知れず活躍しているヒーローって感じだね！

公式ホームページはこちら：https://www.ngkntk.co.jp/

4 課題解決に挑む企業にインタビュー

WELCOME｜バンダイナムコグループからの取材招待状

経営企画本部
サステナビリティ推進室
平 秀之さん

プラスチックはリサイクル、ゲームは節電！エネルギーの無駄（むだ）づかいをみんなでなくしているよ。

Q バンダイナムコグループさんは何をしている会社なの？

バンダイナムコグループはゲームや、プラモデル、カプセルトイ、カードなどのおもちゃを開発、販売（はんばい）しています。ほかにも、アニメや音楽を作ったり、ゲームセンターや遊園地を経営したりと、みんなが楽しめる作品やサービスも提供しているよ。

組み立てるのが楽しいプラモデルは、子どもから大人まで大人気！
©創通・サンライズ

ゲームセンターでおなじみの、和太鼓（わだいこ）リズムゲーム「太鼓（たいこ）の達人」。
Taiko no Tatsujin™Series &
©Bandai Namco Entertainment Inc.

オレたちの好きなものをたくさん作っている会社だね！でも、エネルギーの無駄（むだ）づかいをなくすって、何をしているんだろう？

ズバリ質問！

〈PR〉

Q バンダイナムコグループさんのSDGsアクションは？

空カプセルやプラモデルの枠をリサイクル
卵の殻からできたおもちゃの開発も！

全国のゲームセンターなどで空カプセルやプラモデルの枠部分を回収・リサイクル。ゲームセンターなどへ荷物を運んだトラックがそのまま回収するから無駄が少ないんだ。また卵の殻を使ってプラモデルやたまごっちを作るなど、プラスチックを減らす取り組みも進めているよ。

卵の殻や木くず、茶がらを使ったガンプラ（ガンダムシリーズのプラモデル）。茶がらで作ったガンプラはお茶の匂いがするんだって。

環境に配慮したクレーンゲームの開発で
ゲームセンターの省エネも実現！

電気で動くクレーンゲーム。LED照明をはじめ省エネ設計を積極的に取り入れたことで、同じシリーズの初代クレーンゲームに比べて、消費電力を最大で半分以上減らせたんだ。全国のゲームセンター「ナムコ」では、省エネ型のクレーンゲームに入れ替えたことで、ゲームセンターで排出されるCO_2を年間約500トンも削減できたんだよ。

省エネ型クレーンゲーム機「クレナ3」
©Bandai Namco Amusement Inc.

FUTURE ｜ バンダイナムコグループが目指す未来

私たちは無駄をなくしたりリサイクルをして、資源を有効活用できるように取り組んでいるけど、それが実現できるのは、みんながリサイクルに協力してくれているからなんだ。SDGsを自分のこととして捉えて、これからも一緒に取り組んでいこう！

取材の感想

空カプセル、そのままゴミ箱に捨ててしまってたんだよね。反省……。これからは決められた回収ボックスに入れよう！そうそう、ガンプラ作りとリサイクルを同時に学べる「ガンプラアカデミア」って小学校の授業もあるんだって。受けてみたいね！

公式ホームページはこちら：https://www.bandainamco.co.jp/

4 課題解決に挑む企業にインタビュー

WELCOME｜ライオンからの取材招待状

サステナビリティ推進部
荒巻 孝治さん

いつまでも元気な秘訣(ひけつ)は
毎日の歯みがきにあり！
未来の健康を守る活動だよ。

Q ライオンさんは何をしている会社なの？

ハミガキ・ハブラシの「クリニカ」やハンドソープの「キレイキレイ」、衣料用洗剤(せんざい)など、家族みんなが清潔で快適に暮らすための商品を作っている会社だよ。ライオンが生まれたのは、いまから100年以上前の明治時代。その頃(ころ)からせっけんやハミガキを作ってきたんだ。そして「事業を通じて社会に奉仕(ほうし)する」という精神のもと、みんなの健康な生活習慣づくりのための取り組みも続けています。歯みがき習慣の普及(ふきゅう)、特に子どもたちのムシ歯予防には力を入れているよ。

みんなの身近な生活の中にある製品を作っているよ。

歯みがきって、正直ちょっと面倒(めんどう)くさく思っちゃう時があるんだよなぁ。たまにはサボったりとか…しちゃダメ？

104

〈PR〉

ズバリ質問！

Q ライオンさんのSDGsアクションは？

ゲームや工作を通じて楽しく歯みがきできるプログラムを開発

年をとってからも元気に生きていくためには、おいしくごはんが食べられるお口と歯の健康を保つことが大事だよ。そのために、歯みがきの習慣を身につけるんだ。私たちは「歯とお口の健康」をテーマにした体験プログラムを独自に開発し、こども食堂を中心にお口のケアを習慣化させる普及と自己肯定感の向上に貢献する「おくちからだプロジェクト」をNPO法人や自治体と連携して取り組んでいるんだ。お口ケアの知識や理解を深めるゲーム・工作の体験キット、お家でチェックできる歯みがきカレンダーなどを通して、歯みがきが楽しい習慣になることを目指しているよ。

ゲームやクイズを通じて、オーラルケアの知識や理解を深めるはごろく（すごろく）。

ハブラシにシールを貼ってデコ歯ブラシを作る工作が一番人気。

FUTURE｜ライオンが目指す未来

生活環境や経済状況などにかかわらず、すべての人がお口と歯のケア習慣を身につけて、生き生きと暮らせる社会を目指しているよ。これからもいろいろなパートナーと協力をしながら、楽しいプログラムやイベントで歯みがきの大切さを伝えていくよ。

取材の感想

歯が健康だと、勉強に集中できたり歯を食いしばってスポーツを頑張れたり、いろいろと良い影響があるんだって。なぜ歯が大切で歯みがきをしなくちゃいけないかがわかったよ。近所のこども食堂で「おくちからだプロジェクト」をやっていたら、みんなも参加してみてね！

公式ホームページはこちら：https://www.lion.co.jp

4 課題解決に挑む企業にインタビュー

伊勢半グループ ISEHAN GROUP 〈PR〉

WELCOME | 伊勢半からの取材招待状

コミュニケーション本部
広報宣伝部
河野 恵理さん

「眉毛ホームルーム」へようこそ！

学校でメイクを体験する授業をしているよ

Q 伊勢半さんは何をしている会社なの？

アイメイク用のマスカラやアイライナー、自分に合う眉になれる眉メイク専門ブランドなどを作る化粧品メーカーだよ。ドラッグストアなどで販売されている商品を数多く作っているんだ。

「KISSME（キスミー）」ブランドのアイメイク商品「ヒロインメイク」シリーズ。 眉メイク専門ブランド「ヘビーローテーション」。

ズバリ質問！

Q 伊勢半さんのSDGsアクションは？

中学校や高校の授業で、メイクについての講座を実施！

中高生でメイクデビューする人は多いけど、ほとんどの学校ではメイクをすることが校則で禁じられているよね。でも私たちは、女性はもちろん男性にも「メイクで"自分らしさ"を表現する楽しさを知ってほしい」と思っているんだ。そこで、中学校や高校で出張授業をして、学校内でメイクを体験する機会をつくっているんだ。

授業では実際にみんなが自分でメイクにチャレンジするよ。

取材の感想

女の子も男の子も一緒にメイクに挑戦するなんて、すごく面白そうな授業だね！眉毛で自分らしさを表現するなんて、考えたこともなかったな。服もメイクも、自分のことをもっと好きになったり、出かけるのを楽しくする力があるんだね。メイクのこと、もっと知りたいな。

公式ホームページはこちら：https://www.isehan.co.jp/heavyrotation/feature/eyebrow_hr/

⟨PR⟩

WELCOME | イチケンからの取材招待状

建設現場から出るゴミを最小限に！
徹底した分別ルールを取り入れているよ。

経営企画室
清水 麻衣子さん

Q イチケンさんは何をしている会社なの？

スーパーマーケットやショッピングセンターなどのお店からホテル、スポーツクラブ、マンションまでたくさんの建物を作っているよ。環境にやさしい技術を使って人と未来に寄り添いながら、街づくりのお手伝いをしているんだ。

商業施設の建築を数多く手がけています。写真は東京都豊島区の「アイテラスANNEX」。

ズバリ質問！
Q イチケンさんのSDGsアクションは？

分別方法が一目でわかる容器や看板を設置
建設現場での温暖化対策

建設現場からは、木材や金属の端材、廃プラスチックなどさまざまなゴミが排出されるんだ。これらのゴミを品目ごとに分別してリサイクルすることで、廃棄量を減らして資源を有効活用できる。エネルギーの節約やCO_2の発生削減にもつながるよ。分別ルールが一目でわかるよう工夫した容器や看板で、現場で働くたくさんの人に伝わりやすくしているよ。

素材別に分けられたリサイクル容器が並ぶ。

建設現場ではパトロールを行いゴミ分別を徹底しているよ。

取材の感想

1年間の建設業の産業廃棄物の排出量は約8,094万トン[1]。その量は25mプール約22.5万杯分！[2] でも、分別してリサイクルに回せれば、その分をゴミでなく資源として次につなげられるよね。私も家や学校で、負けないくらい分別するぞ！

[1] 環境省「産業廃棄物の排出・処理状況（令和3年度実績）」より　[2] 深さ1.2m、長さ25mとした場合

公式ホームページはこちら：https://www.ichiken.co.jp/

4 SWCC株式会社 〈PR〉

課題解決に挑む企業にインタビュー

WELCOME｜SWCCからの取材招待状

新領域開発センター
超電導システムグループ
小山田 拓真さん

電線やケーブルを流れる電気のロスを減らす「超電導」を研究しているよ。

Q　SWCCさんは何をしている会社なの？

みんなの家や学校まで電気を運ぶ「電線・ケーブル」を作っているよ。電気が流れる時、エネルギーの一部が熱に変わって減ってしまうことを送電ロスと言うんだけど、これをゼロにできる電線があるんだ。

超電導現象による効果

発熱をなくし送電ロスをゼロにする技術を使っているよ。

ズバリ質問！ Q　SWCCさんのSDGsアクション は？

リニアモーターにも使われている「超電導」を活用
電気抵抗ゼロで送電できる電線をつくる！

「超電導」という言葉を知っているかな。超電導体は、ある特定の温度以下になる（例えば－196℃の液体窒素で冷やす）と電気抵抗がゼロになり、電気のロスをなくすことができるんだ。これを電線に応用することで、送電ロスをゼロにし、送電時に発生するCO_2を減らすこともできるよ。同じ量の電気を流すための電線も軽くできるんだ。電動航空機にも使われる予定で、その研究も進んでいるよ。

未来の電動航空機イメージ。
（提供：先進電気推進飛行体研究センター）

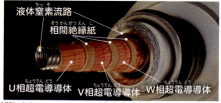

液体窒素流路
相間絶縁紙
U相超電導導体　V相超電導導体　W相超電導導体

SWCCが開発した3つの超電導導体がひとつになった三相同軸ケーブル。

取材の感想

電気自動車は知っているけど、飛行機も電気で飛ぶ時代がやってくるんだね！超電導のケーブルを、省エネ化のために工場内に取り入れを検討している会社も増えているんだって。電気を大切に使うために、いろんな場所で役立っているんだね。

公式ホームページはこちら：https://www.swcc.co.jp/jpn/

〈PR〉

WELCOME | ダーツライブからの取材招待状

イベントプロモーション部
金子 周平さん

子どもからお年寄りまで笑顔になれる「ダーツ」で
みんなの心と体を元気にするよ！

Q ダーツライブさんは何をしている会社なの？

ダーツマシンの開発や販売のほか、ダーツの大会やイベントの企画・運営にも取り組んでいるよ。ダーツが誰でも楽しめるスポーツだと知ってもらい、ダーツを通してみんなの感動や達成感といったポジティブな気持ちを育んでいきたいな。

ダーツの上達をアシストする機能が充実！豊富なゲームを搭載した「ダーツライブ3」。

ズバリ質問！

Q ダーツライブさんのSDGsアクションは？

学校にダーツ部設立、まちおこしに貢献…
誰もが楽しめるエンタメでみんなを元気に

ダーツは運動やチーム競技が苦手な人でも楽しめるスポーツ。学校に「ダーツ部」をつくりたい生徒や先生のサポートをしたり、誰でも参加できる体験会を行ったりしているよ。年齢や身体の差などにかかわらず一緒にできるダーツで、交流の輪が広がったらうれしいな。また、震災被害を受けた宮城県七ヶ浜町には、楽しく健康になってもらおうとダーツを提案。まちおこしの一環にもなっているよ。

運動が苦手な人でもできるし、ルールも簡単！だからみんなで楽しめるんだ。

取材の感想

私は運動があまり得意じゃないけれど、ダーツなら楽しめそう！東京では一部の児童館（品川区、江戸川区、墨田区）に、ダーツマシンが設置してあるんだって。そういう場所なら、子どもも行きやすいよね！

公式ホームページはこちら：https://sportsdarts.jp/

4 東芝テック株式会社 〈PR〉

課題解決に挑む企業にインタビュー

WELCOME | 東芝テックからの取材招待状

サステナビリティ・環境戦略室
サステナビリティ推進担当
金沢 直美さん

STOP！紙の無駄づかい！お店で働く人もうれしい、買い物の仕組みを紹介するよ。

Q 東芝テックさんは何をしている会社なの？

お店の会計に使われるPOSレジや、コピー機を作っているよ。カート型のPOSレジは、スキャナーで商品の値段を読み取ることができるんだ。ほかにも買い物カゴを置くだけで、中の商品の情報を読み取ることができる会計システムなどを作っているよ。

買い物しながら合計金額を確認できて、会計の待ち時間も短縮！

ズバリ質問！

Q 東芝テックさんのSDGsアクションは？

スマートレシートの公式キャラクター「レシオ」。

レシートはスマホで確認「スマートレシート」

買い物をするともらえる紙のレシートを、スマホアプリで見られるようにしているよ。2023年には年間5,600万枚の紙を節約。節約した分のレシートをつなげると、なんと日本最北端（北海道稚内市）からパリまでの距離と同じになるんだ！店内で捨てられたレシートを廃棄・清掃するお店の人の手間も減らせる。働く環境が良くなることも期待できるよ。

2023年度に全国で発行された電子レシート
約5,600万枚
＝
約8,960km

つなげると…
稚内市 ⇔ パリ間の長さに！

取材の感想

レシートをスマートフォンで見られるようにするだけで、大量の紙を節約できるなんてすごいアイデアだね。紙を作るための資源を守るためにも、みんなの習慣になっていくといいな。

公式ホームページはこちら：https://www.toshibatec.co.jp/

 **とんかつ まい泉** 〈PR〉

WELCOME｜まい泉からの取材招待状

甘くておいしい豚肉の秘密は「パンの耳」!
食材の有効活用でフードロスをなくしているよ。

社長室 広報
齊藤 舞さん

Q　まい泉さんは何をしている会社なの?

「箸で切れるやわらかなとんかつ」を作り続ける、お肉にこだわったとんかつの専門店です。タイやフィリピンなど海外にもお店があって、看板商品の「ヒレかつサンド」は子どもから大人まで大人気!全国の百貨店・商業施設では惣菜の販売もしているよ。

ヒレかつをパンで挟んだ「ヒレかつサンド」。

ズバリ質問!

Q　まい泉さんのSDGsアクションは?

食材を使い切る精神から生まれた
オリジナル豚肉や特製カレー

サンドイッチのパンの耳やとんかつ肉を切り落とした部分を、捨ててしまうのはもったいないよね。「とんかつに合う豚を作りたい」という想いから開発したオリジナル豚「甘い誘惑」の餌には、「ヒレかつサンド」のパンの耳をまぜて有効活用しているよ!また、切り落としたとんかつ肉と野菜で特製カレーを作って、こども食堂に届けているんだ。

「堀江ファーム」で共同飼育をしている「甘い誘惑」。パンの耳を餌にまぜることによって、肉の甘味やうま味がアップ!

東京都渋谷区のこども食堂で、レストランで作られた特製カレーを提供。

取材の感想

豚料理もカレーもおいしそう!まい泉では、毎月こども食堂へカレーを届けに行ってるんだって。みんなのおいしそうな笑顔を見ると、やりがいを感じて頑張れるって言ってたよ。自分のしたことで、誰かが笑顔になってくれたら、うれしいよね!

公式ホームページはこちら: https://mai-sen.com/

4 課題解決に挑む企業にインタビュー

WELCOME｜ロッテからの取材招待状

持続可能なサプライチェーンを実現するために カカオ豆の生産地で支援活動をしているよ

サステナビリティ推進部
松田 采也さん

Q ロッテさんは何をしている会社なの？

チョコレートなどのお菓子やアイスを作っている会社だよ。夏場でチョコが溶けても食べやすい「コアラのマーチ」や「トッポ」など、「おいしいにちょっと工夫をプラス」したお菓子を届けているよ。チョコレートの原料となる、カカオ豆の生産地を支える活動もしているんだ。

ズバリ質問！

Q ロッテさんのSDGsアクションは？

カカオ豆の生産地を支える活動に一つずつ、根気強く取り組んでいるよ

カカオ豆の生産地では、農家の貧困や児童労働、病害虫による被害などの課題があるんだ。その解決のため、農家のモニタリングや農法のトレーニングを続けているよ。また、さまざまな要因が重なって、収穫量が減少するという危機が起きていて…。そこで、いままで廃棄されていたカカオの実の殻を「バイオ炭」に有効活用！農園に撒くことで土壌が肥沃になり、生産性の向上や脱炭素効果（CO2削減効果）が期待できるよ。

生産地支援を通じて調達したカカオ豆を「ロッテサステナブルカカオ」と名づけているよ。

カカオの実の殻「カカオポッド」。

取材の感想

普段食べているチョコは、実はこんなにたくさんの努力に支えられて、私たちのもとに届いていたんだね…！お菓子は、食べる人を幸せな気持ちにする力を持っていると思うんだ。おいしいお菓子の原料を作る人たちも、みんな笑顔だとうれしいな。

公式ホームページはこちら：https://www.lotte.co.jp/

自分らしい生き方のヒントが見つかるかも？
企業担当者さんのお仕事インタビュー

Q 子どものころ、勉強や部活動、趣味などどんな分野に興味がありましたか？

サッカーが大好きで、毎日放課後友だちとボールを蹴っていたよ。ほかの小学校の生徒に声をかけて、試合をやったこともあるんだ。サッカーを一緒にするとすぐに仲良くなれて、どんどん仲間が増えていったな。
キャロウェイゴルフ 喜田 慎さん

世界遺産に興味があって、旅行代理店のパンフレットを切り貼りしてガイドブックを作っていたよ。文化や自然など、地域の素敵なものや意味のあるものをみんなに伝えたいと思っていたんだ。
J:COM 佐藤 由莉奈さん

ものづくり好きの原点だと思うのは「折り紙」。折ってから広げてみたり、絵を描いてみたり、いくつもの折り紙をつかって大きなものを作ったりしていたんだ。中高生や大人向けの参考本もあるんだよ。
SWCC 小山田 拓真さん

よくキャンプに行っていたこともあり、星を見ることがとても好きだったよ。いまでも鮮明に覚えているのは、芝生に寝転んで見上げた満天の星！流れ星も見ることができて、あの輝きにものすごく感動したよ。
田中鉄工 天本 友希さん

カナダやリトアニアなど、海外の友だちと文通をしていたよ。全く違う場所での暮らしや文化の違いに興味があったんだ。返事が返ってくるまで時間がかかったけど、待っている間にいろいろと想像することも楽しかったな。
日本特殊陶業 中川 崇代さん

113

4 課題解決に挑む企業にインタビュー

Q いまの会社に入社した理由、担当する仕事を希望した理由を教えてください！

みんなの生活を支える大きな仕事にかかわりたくて入社を決めたんだ。広報という、自分が良いなと思ったことを多くの人に知ってもらうお仕事をしているよ。好きなことにとことん向き合うところが、自分に合っていると感じるよ。

ENEOS Xplora　柳田 さや香さん

大学生の時に環境分野を学んでいて、ホタルのことを調べる研究室に入っていたよ。研究を通じて環境にかかわる仕事をしたいと思い、水の技術で環境改善に取り組んでいる、赤塚植物園グループに入社したんだ。

赤塚植物園グループ　長谷川 太郎さん

高校の頃から衣食住に関する仕事につきたいと思っていたよ。そこから住を選択して、学校ではインテリアデザインを学んだんだ。イチケンは近くの商業施設の建設も手掛けていて、会社を身近に感じたことも入社を決めた理由だよ。

イチケン　清水 麻衣子さん

接客の仕事がしたかったことと、母が「とんかつ まい泉」のお店で働いていて「楽しそう！」と思ったことが入社のきっかけだよ。最初は店舗で接客をしていて、いまは会社の取り組みを伝える広報の仕事をしているんだ。

とんかつ まい泉　齊藤 舞さん

高校からずっとラグビーを続けているよ。入社のきっかけも、会社にラグビーチームがあったからなんだ。いまはチームのコーチをしていて、サステナビリティ推進部で子どもたちにラグビーを教えたりもしているよ。

ライオン　荒巻 孝治さん

一番のきっかけはお菓子が好きだから！お菓子の原材料を調達する過程を深く知って、課題を解決したいと思ったんだ。幸せな過程で作られたお菓子を届けて、みんなにも幸せを感じてもらえたらうれしいな。

ロッテ　松田 采也さん

Q 自分の仕事が社会の役に立っていると実感することはありますか？

国産の木を使う取り組みを知ったお客さまが、家づくりに我が社を選んでくれた時。地元に貢献できることを一緒に喜んでくれたりすると、地域のみんなと地産地消ができていることを実感するよ。

アイジーコンサルティング 高木 春佳さん

「はじめて買ったコスメはヘビーローテーション」という声を聞くと、いつの時代も「かわいくなりたい！」と思う気持ちは変わらないと感じるの。未来を担う子どもたちが、メイクを通して自分らしさを表現し自信につなげていくことを応援するよ！

伊勢半 河野 恵理さん

ホテルで採ったはちみつを販売する時、パッケージデザインから私たちの取り組みが伝わるように工夫しているよ。ミツバチの偉大な営みをもっとみんなに知ってほしいと思っているんだ。

ザ・サウザンド京都 和田 麻璃奈さん

初心者に向けた体験会で、心からダーツを楽しんでいる人を見るたびに「こんなにうれしいことはないな」と感じるんだ。ぼくらの会社のモットーは「人々を笑顔にしていく」こと。みんなの笑顔がモチベーションになるよ。

ダーツライブ 金子 周平さん

SDGsを学ぶ小中学生に向けて、紙ゴミを減らせるスマートレシートの説明をしたよ。「自分たちもスマートレシートを使いたいし、身の回りに広めたい！」と言ってもらって、環境のために同じ気持ちで取り組む仲間が増えたようでうれしかったな。

東芝テック 金沢 直美さん

ゲームやおもちゃ、アニメは生活必需品ではないかもしれないけれど心を豊かにしてくれるよ。災害時には被災地の子どもにおもちゃを送って、心のケアを支援したんだ。キャラクターなどを通じて誰もが仲良くなれる、それがエンタメの役割だと思っているよ。

バンダイナムコグループ 平 秀之さん

115

動画でさらに学びを深める！
SDGs未来会議チャンネル

「SDGs未来会議チャンネル」は、子どもから大人まですべての人が楽しみながらSDGsについて学べる動画チャンネルです。書籍「未来の授業」シリーズと連動し、SDGsに関する解説動画や、企業や著名人へのインタビュー動画を公開しています。ぜひ書籍とあわせてご覧ください。

CONTENTS｜主なコンテンツ

SDGs博士と一緒に17の目標を学べる動画を公開。17の目標それぞれについて、背景にある課題や国内外のデータを紹介。博士とキャラクターの対話を通じ、理解を深めることができます。

企業インタビュー動画では、本書籍未掲載の情報や、SDGsアクションの現場を見ることができます。

タレントや著名人に「SDGsアクション」について聞くインタビュー動画も公開。

新しい動画も随時公開予定です。ぜひチャンネル登録をよろしくお願いします。

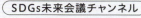 https://www.youtube.com/channel/UC2K_hsGc6gx_qW1_wrKOPdw/

サステナブルファッションを
もっと知りたい人のために

サステナブルファッションや循環型社会についてもっと知りたい人のための、おすすめのコンテンツを紹介します。

気になったらウェブサイトを見てみよう！

おすすめ 中学生から

環境省「サステナブルファッション」ウェブサイト

サステナブルファッションにまつわる問題やデータを知ることができるウェブサイト。ファッション産業の特徴や環境負荷の実態、私たちが実行できるアクションについてわかりやすくまとめられている。サステナブルファッションにかかわる企業の取り組み事例などへのリンクも多数掲載。

ウェブサイトはこちらから ▶

https://www.env.go.jp/policy/sustainable_fashion/

映画『燃えるドレスを紡いで』

(2023年製作／89分／監督：関根光才)

おすすめ 中学生から

72ページでも紹介した、パリコレにも参加するファッションデザイナー中里唯馬さんに密着取材したドキュメンタリー映画。ファッション界の先端を走ってきた中里さんが、「衣服の最終到達点」といわれるアフリカ・ケニアに行って見たのは、服でできた巨大なゴミ山だった——。世界中から衣類のゴミを押し付けられて生活するケニアの人々の現状を見てショックを受け、クリエイターとして何を作り、発信していくかに大いに悩みながらも、パリコレでの新しい発信に挑戦し、未来のファッションに向き合っていく姿を描く。

上映などの最新情報はウェブサイトにて ▶
https://dust-to-dust.jp

教材としての本書の活用方法

佐藤真久

本書は、『SDGs×ライフキャリア 探究BOOK』と題して、SDGsへの関心と本質的な理解を促す「導入教材」として位置づけるだけでなく、SDGsへの関心・理解から、自身のあり方、「私の行動」と「私たちの協働」へとつなげる「態度・行動・協働型教材」として、さらには、SDGsと日本の社会課題といったグローカルな課題を取り扱う「グローカル教材」としても位置づけています。また、国連・持続可能な開発のための教育の10年（DESD：2005-2014）を通して蓄積された知見に基づき、ESDレンズ（P126）と、持続可能性キー・コンピテンシー（P127）などを活かすことによる「探究活動を促す教材」としても位置づけています。

以下に、本書の特徴と、探究活動を支えるアプローチについて整理をしました。

1. SDGsへの関心と本質的な理解を促す「導入教材」

2015年9月に国連により発表された「持続可能な開発目標」（SDGs：2016-2030）は、17の目標と169のターゲットからなる国際的な開発目標です。限られた地球惑星の環境下で、持続可能な発展を遂げるために、「誰一人取り残さない」というスローガンのもとで発表された国際的な開発目標です。現在では、企業、自治体、NPO／NGO、教育機関などのさまざまな組織、地域社会、個人が、この開発目標にコミットすべく取り組んでいます。

SDGsに対する関心を高めることはもちろん重要ですが、それよりも重要なのは、SDGsの本質を理解することです。筆者は、SDGsの世界観には、(1)"地球の限界"（planetary boundaries）に配慮をしなければならないという「地球惑星的世界観」、(2)"誰一人取り残さない"（no one left behind）という人権と参加原理に基づく「社会包容的な世界観」、(3)"変容"（transformation）という異なる未来社会を求める「変容の世界観」があると指摘しています。さらに、SDGsの特徴については、(1)"複雑な問題"への対応（テーマの統合性・同時解決性）、(2)"共有された責任"としての対応（万国・万人に適用される普遍性・衡平性）を挙げています。このような、世界観と特徴といったSDGsの本質に対応をしながら、社会の変動性が高い状況下（VUCA社会）のなかで、「持続可能な社会」の担い手を育むことが急がれていると言えるでしょう。本書では、このような、SDGsの本質（世界観や特徴）に軸足を置きながら、17の目標の紹介だけに終わらない導入教材を制作しました。

世界の開発目標－持続可能な開発目標（SDGs）

2. 自身のあり方、「私の行動」と「私たちの協働」へとつなげる「態度・行動・協働型教材」

本書は、これまでの啓発書に見られる関心・理解を深める教材を超えた、自身のあり方、「私の行動」と「私たちの協働」へとつなげる「態度・行動・協働型教材」です。"ライフキャリア"という用語を使用することで、従来の受験・進学の文脈を超えた、自身のあり方を問う教材として位置づけています。SDGs 第17目標（パートナーシップで目標を達成しよう）でも指摘されているように、多様な主体の力を持ち寄る協働（マルチステークホルダー・パートナーシップ）を通して、「私たち」の取り組みを深め、社会全体の問題対応力を高めること（社会生態系の構築）を意識して教材がデザインされています。

3. SDGsと日本の社会課題といったグローカルな課題を取り扱う「グローカル教材」

本書には、SDGsと地域課題といったグローカルな課題を取り扱う「グローカル教材」としての位置づけがあります。特定非営利法人 ETIC.（筆者、元理事）は、全国のパートナー組織と実施している227の取り組みから、数回のワークショップの開催を通して、日本社会において直面している・直面しうるさまざまな課題を、1年を通して抽出し、整理しました。これが、「社会課題解決中マップ」です（筆者監修）。この日本の地域社会における具体的な実践から抽出された社会課題を取り扱うことにより、国際的な開発目標であるSDGsと、日本の社会課題を取り扱った「社会課題解決中マップ」を関連づけ、「SDGsの自分ごと化」を促し、グローカルな文脈での学びを深める教材（グローカル教材）として機能しています。

ETIC.が抽出した日本の社会課題（社会課題解決中マップ https://2020.etic.or.jp/）

4. 子どもの探究活動を支えるアプローチ
－ESDレンズと、持続可能性キー・コンピテンシーに基づく本書のデザイン

UNESCO（国際連合教育科学文化機関）は2012年、持続可能な社会の構築に向けた実践におけるものの捉え方として、4つの「ESDレンズ」を提示しました。本書ではこの「ESDレンズ」を活用することで、探究活動に異なる視点を提供するとともに、新たな視座を得ることにつながると言えます。

ESDレンズ（UNESCO,2012）

統合的レンズ
課題・資源・時間・空間・人といったものをつなげ、関連づける見方・捉え方です。

批判的レンズ
課題の再設定や捉え直し、意味づけ・学びほぐしを行う見方・捉え方です。

変容的レンズ
個人・組織・社会の変容に向けた見方・捉え方です。

文脈的レンズ
身近な文脈（歴史や地域）、地域・世界の文脈を活かした見方・捉え方です。

統合的レンズ（つながり・かかわり）
Integrative Lens: 課題・資源・時間・空間・人をつなげる、関連づけ

変容的レンズ（変わる・変える）
Transformative Lens:
個人・組織・社会の変容

ESD

文脈的レンズ（ひろがり・ふかまり）
Contextual Lens:
身近な文脈（歴史や地域）、
地域・世界の文脈

批判的レンズ（見直し・捉え直し）
Critical Lens: 課題再設定・捉え直し、意味づけ・学びほぐし

刷新
Innovation

さらに2017年にUNESCOは、「持続可能な開発目標のための教育ー学習目的」(Education for Sustainable Development Goals, Learning Objectives)を発表し、8つの「持続可能性キー・コンピテンシー」を発表しました。持続可能性キー・コンピテンシーとは、持続可能な社会の構築に向けて獲得すべき資質・能力です。本書は、持続可能性キー・コンピテンシーを高める意図でデザインされ、子どもたちが持続可能な社会の構築に資するさまざまな資質・能力を獲得することの一助になります。近年では、これらのキー・コンピテンシーを獲得・発揮するには、社会・情動的知性(SEI)(マインドフルネス、共感、寄り添い、批判的探究)が重要であると指摘されています。

持続可能性キー・コンピテンシー (UNESCO, 2017)

システム思考コンピテンシー
(systems thinking competency)
関係性を認識し理解する能力；複雑系を分析する能力；異なる領域と規模のなかにおいてどのようにシステムが組み込まれているかを考える能力；不確実性を取り扱う能力

予測コンピテンシー
(anticipatory competency)
複数の未来の姿(可能性ある、予想できる、望ましい)を理解し、評価する能力；未来のために自身のヴィジョンを創造する能力；予防原則を応用できる能力；さまざまな行動の結果を評価する能力；リスクと変化を取り扱う能力

規範コンピテンシー
(normative competency)
自身のさまざまな行動に内在する規範と価値を理解し、省みる能力；利害関係、二律背反、不確実な知識、矛盾といった対立の文脈のなかで、持続可能性に関する価値・原則・目標・達成目標を協議する能力

戦略コンピテンシー
(strategic competency)
ローカルレベルから遠く離れたところまでさらに持続可能になるように、さまざまな革新的な行動を集合的に発展し実施する能力

協働コンピテンシー
(collaboration competency)
他者から学ぶことができる能力；他者のニーズ、展望、行動を理解し尊重できる能力(共感)；他者を理解し、他者にかかわり、他者に配慮しようとする能力(共感的リーダーシップ)；グループにおける対立を取り扱うことができる能力；協働的、参加的な問題解決を促すことができる能力

批判的思考コンピテンシー
(critical thinking competency)
規範、実践、意見を問う能力；自分自身の価値、認知、行動を省みる能力；持続可能性の言説において立場をはっきりさせることができる能力

自己認識コンピテンシー
(self-awareness competency)
地域社会とグローバルな社会において自分自身の役割を省みる能力；自身の行動を継続的に評価しさらに動機づけできる能力；自身の感情や願望を取り扱う能力

統合的問題解決コンピテンシー
(integrated problem-solving competency)
異なる問題解決の枠組みを、複雑な持続可能性に関する問題群に応用する包括的な能力；持続可能な開発を推進するために実行可能で、包摂的で、公平な解決オプションを開発する包括的な能力；上述したさまざまなコンピテンスを統合する能力

本書で取り扱っている問いとその背景

佐藤真久

共通 ①この課題がどのSDGsにかかわってくるのか考えてみよう。

01 やり直しづらい日本社会
① ❶❸❹❺❽❿⓬⓰⓱

②今日、求援力（相手の助けを求める力）と受援力（相手からの助けを受け入れる力）が求められている。このふたつの力は何を意味しているだろうか？議論してみよう。

③将来の職業を選択し、生涯にわたって仕事をすることだけがキャリアではない。自分のライフステージで多様な側面を持つ、ライフキャリアについて考えてみよう。

02 先進国なのに高い相対的貧困率
① ❶❷❸❹❺❽❿⓰⓱

②「富める者は富み、貧しい者はさらに貧しくなる」という言葉がある。この二極化の現象はなぜ起こるのだろうか？議論を深めてみよう。

③学ぶことは、悪循環を断ち切る力があるといわれている。学び続けることが、自分と社会にどのような影響をもたらすだろうか？考えてみよう。

03 日本でも起きている食料問題
① ❶❷❸❿⓮⓯⓰⓱

②日本は食料生産ができる国なのに、なぜ多くの食料を外国からの輸入に頼っているのだろうか？議論を深めてみよう。

③地域の食材、旬の食材を食べることには、どのようなメリットがあるだろうか？考えてみよう。

04 日本が一歩先ゆく超高齢化社会
① ❶❷❸❿⓫⓰⓱

②高齢化は日本だけでなく、タイやベトナムでも進んでいる。調べてみよう。

③今後、日本の労働力人口が少なくなることが予想されている。どのように労働力人口を確保するのか、また、労働力人口が少なくなっても、どのように質の高い労働を維持することができるか、議論を深めてみよう。

05 チャンスに変わるか？人口減少
① ❸❹❽❿⓰

②人口減少が進む日本において、多くの観光客が来ている。なぜ、日本に魅力を感じ、来日しているのか？議論を深めてみよう。

③日本の人口減少について、チャンスとリスクの側面から議論を深めてみよう。

06 マイノリティの人々の幸せ向上
① ❶❷❸❹❺❽❿⓰⓱

②自分がマイノリティの環境に身を置いた経験（例えば、異なる世代、異なる性などの環境で自分が少数として身を置く経験）から、感じたこと、思ったことを共有してみよう。

③自分がほかの人とは異なる属性（国籍、性別、年齢、ルーツ、信条、趣味、興味など）について、考えてみよう。

07 膨れ上がる社会保障費
① ❶❷❸❹❺❽❿⓰⓱

②互いに安心して暮らすには、国のお金を使わない方法もある。どのような方法があるか、議論を深めてみよう。

③社会福祉が進んでいる北欧の取り組みについて調べてみよう。

08 安心して出産し子育てできない社会
① ❶❷❸❹❺❽❿⓰⓱

②近年、男性の育児休業取得の割合が増加しているのはなぜだろうか？議論を深めてみよう。

③安心して出産し、子育てしやすい社会になるには、子育て家族への財政支援（補助金の支給など）だけでは不十分である。その理由や、異なる方策について議論を深めてみよう。

09 希薄化・孤独化するコミュニティ
① ❶❷❸❹⓱

②孤独は感情（自分の感じ方）、孤立は状態（社会的状況）を意味する。このふたつの意味について、議論を深めてみよう。

③自然災害が多い日本において、コミュニティの希薄化・孤独化は何を意味するだろうか？議論を深めてみよう。

10 延ばしたい健康寿命
① ❶❸❽⓫⓱

②自分の健康寿命を延ばすために、いまからできることには何があるだろうか？議論を深めてみよう。

③世界の人口が急激に増えていくなかで、環境に負荷をかけない生き方、暮らし方が求められている。充足（足るを知る）を促す健康寿命とは何か、考えてみよう。

11 創造力を高める教育の拡大
① ❶❸❹❺❽❾⓫⓰⓱

②生成AIの進展が著しい今日、あらためて人間の知性が求められている。人間だからできること、人間どうしだから取り組めることなど、人工知能にはできない側面について議論を深めてみよう。

③創造力を高める教育を充実させるためには、どのような取り組みを行うのがいいだろうか？考えてみよう。

12 じわじわ広がる教育格差
① ❶❷❸❹❺❽❾❿⓫⓰⓱

②教育は、みんなが受けられるだけでなく、自分のペースや関心、他者との学びの場が重要であるといわれている。ひとつの尺度だけによらない、教育のあり方について、議論を深めてみよう。

③「実力も運のうち」（運も実力のうち、ではない）という言葉がある。この言葉の意味について、議論を深めてみよう。

13 日本は真のスポーツ大国になれるか
① ❷❸❹❺❽❿⓰

②「競技スポーツ」「生涯スポーツ」「運動遊び」の違いについて、調べてみよう。

③高齢になっても続けられるスポーツには、どのようなものがあるか調べてみよう。自分が長く続けられるスポーツは何か考えてみよう。

14 世界が注目する水資源問題
① ❶❻❼❾⓫⓯⓱

②日本は「世界の水を摂取している」といわれている。食料の多くを輸入に頼る日本が「世界の水を摂取している」といわれるのはなぜだろうか？仮想水（ヴァーチャル・ウォーター）を手掛かりに調べてみよう。

③日本で近年取り組まれているマイボトルに無料で水をくめる給水の仕組み（リフィル）について、調べてみよう。

15 持続可能なエネルギーの実現と普及
① ❶❼❽❾⓫⓭⓱

②太陽光発電は、パネル設置に伴う自然生態系の破壊や、老朽化に伴う廃棄処理問題があるといわれている。自然共生や資源循環の視点から太陽光発電の有効性を考えてみよう。

③原子力発電は、CO_2を出さず、脱炭素に貢献するエネルギー源として注目されている。これまでの国内外の原子力発電所事故の経験も踏まえ、原子力発電の有効性について、議論を深めてみよう。

16 出番を求める人々に活躍の機会を
① ❶❸❺❽❿⓰⓱

②出番は働く場だけではなく、日々の生活や他者とのコミュニケーションにおいても求められている。どんな出番や、活躍の機会があるか考えてみよう。

③自分が活躍したい場だけでなく、他者から活躍を期待されている場もある。他者から活躍を期待されている場があった場合、自分自身はどうしたいだろうか、考えてみよう。

アイコンの見方

SDGsの17の目標　❶ ❷ ❸ ❹ ❺ ❻ ❼ ❽ ❾ ❿ ⓫ ⓬ ⓭ ⓮ ⓯ ⓰ ⓱　SDGsの17の目標についての詳細はP24-25

ESDレンズ　統 統合的レンズ　批 批判的レンズ　変 変容的レンズ　文 文脈的レンズ

持続可能性キー・コンピテンシー　シ システム思考　予 予測　規 規範　戦 戦略　協 協働　批 批判的思考　自 自己認識　統 統合的問題解決

---

17 解放せよ組織内リーダーシップ

① ❺ ❽ ❾ ⓫ ⓱

②ひとつの固定された仕事のみならず、今日では多くの企業で副業、兼業が推奨されている。副業、兼業がもたらすメリット、デメリットについて、議論を深めよう。　変 統

③ボス(上司)とリーダーの違いについて、議論を深めよう。　批 規

18 専門職が力を発揮できない職場環境

① ❺ ❽ ❾ ⓫ ⓱

②たとえ専門的知見を有していたとしても、時代の変化、社会のニーズの変化のなかで、職能を発揮する場や機会が変化してきている可能性がある。自分の能力が社会で活かされるためには、何が重要か考えてみよう。　文 自

③どの仕事環境でも、他者との協働が不可欠である。独りよがりにならない専門職の姿について、議論を深めてみよう。　変 協

19 伝統文化・技術をどう継承するか

① ❹ ❺ ❼ ❽ ❾ ❿ ⓫ ⓬ ⓮ ⓰ ⓱

②無形の文化(うたや音楽、踊り、工芸技術など)は、社会とのかかわりのなかで変化していくといわれている。変化しない文化、変化していく文化について、議論を深めよう。　批 戦

③伝統文化には、多くの職業がかかわっている。伝統文化の例を参考にしながら、その伝統文化を支えているさまざまな職業について調べてみよう。　統 統

20 日本中に眠る未利用資源

① ❹ ❻ ❼ ❽ ❾ ⓮ ⓯ ⓱

②「未利用資源」の活用事例について、調べてみよう。　文 戦

③「未利用資源」であると気づかない資源が、日本中に眠っているといわれている。眠っている「未利用資源」を発見するためには、どのようにすればいいだろうか?議論を深めよう。　変 戦

---

21 老朽化が進むインフラ

① ❸ ❻ ❾ ⓫ ⓬ ⓮ ⓯ ⓱

②事故が起こる前に対処する「予防保全」を行うことが重要な課題となっている。「予防保全」とはなにか、調べてみよう。　変 戦

③インフラ老朽化対策において、技術だけに頼らない方策はあるのだろうか?考えてみよう。　批 批

22 自然災害大国日本

① ❸ ❻ ⓫ ⓭ ⓮ ⓱

②これまでの日本における大規模な自然災害について、調べてみよう。　文 自

③「平時のパートナーシップなしに、有事のパートナーシップはできない」といわれている。自然災害大国日本であるからこそ、平時のパートナーシップをどのように構築していくかが問われている。その方策について考えてみよう。　文 協

23 見直したいローカル経済

① ❽ ❾ ⓬ ⓱

②地域のお金が簡単に外に漏れ出ないようにする考え方として、「漏れバケツ理論」が注目を受けている。「漏れバケツ理論」を調べてみよう。　批 批

③「漏れバケツ理論」に基づいて、自分の地域の事例を掘り下げてみよう。　文 戦

24 復活できるか水産王国日本

① ❸ ❽ ❾ ⓬ ⓮ ⓯ ⓱

②「コモンズの悲劇(共有資源の乱獲による資源の枯渇)」について調べ、日本はどのように取り組むことが求められているか、議論を深めよう。　文 予

③今日では、プラスチックゴミによる海洋汚染が、漁獲量減少に拍車をかけている。陸のゴミ問題と私たちのライフスタイルと、海の問題とを関連づけて考えてみよう。　統 統

---

25 止まらない気候変動

① ❶ ❷ ❸ ❼ ❽ ❾ ⓫ ⓬ ⓭ ⓮ ⓯ ⓱

②気候変動がもたらす、日本の季節観の変化について議論を深めよう。　文 予

③最近の自然現象や、その自然現象がもたらす被害について、国内外の事例を調べてみよう。　統 シ

26 非効率すぎる政治・行政

① ❽ ❾ ⓱

②昔のままの仕組みや習わしによる不透明で非効率な運営は、なぜ変わらずにいままで継承されてきたのだろう?その理由について、議論を深めてみよう。　変 批

③効率を高めるだけでなく、効果も高める政治・行政が期待されている。縦割りが強い行政において、縦割りを越え、相乗効果を生み出す行政の姿について議論を深めてみよう。　統 統

27 社会づくりに参加しやすく

① ❸ ❺ ❿ ⓫ ⓰ ⓱

②社会づくりにおいて、これまでの自治体(団体自治)に頼るだけではなく、地域住民の参画による自治(住民自治)が重要であるといわれている。住民自治について、調べてみよう。　批 戦

③成年年齢の18歳への引き下げで、変わること、注意しなければならないことはなんだろうか?議論を深めよう。　批 自

28 時代に合わせた幸せの模索と実現

① ❸ ❹ ❺ ❽ ❿ ⓫ ⓰ ⓱

②人によっても、世代によっても、国によっても「幸せ」のイメージが異なる。多様な人たちにインタビューをし、「幸せ」の多様性について理解を深めてみよう。　批 自

③コロナ禍の経験を経て、自分が重要であると感じた「幸せ」の姿について、書き留めてみよう。　文 自

---

29 くい止めたい不信と不和の連鎖

① ❶ ❷ ❸ ❺ ❻ ❼ ❿ ⓫ ⓰ ⓱

②「不信と不和の連鎖」は、世界レベルだけでなく、国内、地域、自分の人間関係にもあるといわれている。連鎖の悪循環をくい止めるには、どのような方策があるだろうか?議論を深めてみよう。　統 戦

③問題解決の発想を超え、互いに価値を創る(共創)営みには、どのような事例があるだろうか?調べてみよう。　変 統

30 グローバルでつながる経済の課題

① ❸ ❻ ❽ ❾ ⓫ ⓬ ⓭ ⓰ ⓱

②大量生産・販売をするファストファッションは、グローバルでつながる経済活動の代表例である。ファストファッションの問題点について、労働問題と環境問題の視点から考察し、議論を深めよう。　批 批

③今日では、経済力のある国々が、経済力のない国々に対して、構造的に圧力をかけているといわれている。この意味合いについて、議論を深めよう。　統 批

31 高ストレス型社会からの脱却

① ❸ ❺ ❽ ❿ ⓫ ⓰ ⓱

②経験しているストレスにもさまざまな原因(例:学校、ホルモン変動、受験期、人間関係)があるといわれている。自分のストレスが、どのような原因によるものなのか、考えてみよう。　文 自

③ストレスへの対応策、軽減策について、事例をふまえて共有をしてみよう。　文 戦

5. SDGsを活かした学習と探究活動の高い親和性

筆者は、朝日新聞の未来メディア（https://miraimedia.asahi.com/satomasahisa01/）において、動的で包括的な問題解決に向けた、スパイラルとしてのSDGsへと、SDGsの捉え方の転換の重要性を指摘しています。ここでは、(1)これまでのSDGsの個々の目標に対応する発想（個別目標としてのSDGs）から、(2)SDGs同士の関係性と複雑性に気づき（円環としてのSDGs）、さらには、(3)動的で包括的な問題解決に向けた"力を持ち寄る協働"（統合的問題解決に向けたスパイラルとしてのSDGs）への発想の転換が求められていることを指摘しています。

動的で包括的な問題解決に向けた、スパイラルとしてのSDGsへ

出典：朝日新聞 未来メディア（https://miraimedia.asahi.com/satomasahisa01/）

ここで重要なのは、SDGsを活かした学習と探究活動には高い親和性が見られることです。多様なものを関連づけながら、問題・課題の捉え直しをし、動的で包括的な問題解決をしていくには、問いの設定と問いの共有（社会化）、視点を得て、視座を高めることを通した学習と協働のスパイラル構造なしにはあり得ないということです。

探究活動に求められるスパイラル構造

視点を得る
視座を高める

視点を得る
視座を高める

▶試行錯誤
▶協働プロセス
　社会的学習プロセスへ

▶探究プロセス

▶問いの設定と共有（社会化）

課題の設定

まとめ・表現　　　情報の収集

▶自分の内省からの答え

整理・分析

▶思考ツール／学習スタイル
（学習指導要領解説 総合的な学習の時間編）

日常生活や社会に目を
向け、児童生徒が自ら
課題を設定する。

探究の過程を経由する。
❶課題の設定　❷情報の収集
❸整理・分析　❹まとめ・表現

自らの考えや課題が新たに
更新され、探究の過程が
繰り返される。

文科省、2018に基づき筆者加筆修正

ゴール（持続可能な社会）を明確化し、プロセスの具体化（探究サイクルをどう回し、どう深め、どう視座・視点を得ていくのか）を体験することが、よりよく課題を発見し、解決していくための資質・能力の育成につながります。その過程で自己のあり方・生き方を考える機会も生まれます。

6. 子どもの探究活動を支えるアプローチ
－異なる学習スタイルに基づくキャラクター設定

探究活動を支えるアプローチにおいては、先述の「子どもの探究活動を支えるアプローチーESDレンズ（P126）」もそのひとつです。加えて、本書では「SDGsチャレンジストーリー」と題して、4人の生徒の挑戦が漫画で紹介されています。各キャラクターには、異なる学習スタイルを設定し、4人が力を持ち寄り協働する姿が描かれています。実際の学習活動においても、異なる学習スタイルを活かした探究活動が求められることと思われます。異なる学習スタイルを活かした探究活動は、まだ、十分に日本の学校現場で実践されていませんが、経験学習分野における学術研究（Kolb, 1984; 2001）などを通して、その重要性が指摘されています。

以下に、本書におけるキャラクターの背景にある異なる学習スタイルを提示しました。

本書におけるキャラクター設定（異なる学習スタイルに基づく）

男の子A： けんた 	適応型：具体的経験と能動的実験により学ぶ傾向にあり、計画を実行したり、新しいことに着手することが好きである。環境に対する適応力が強く、直感的な試行錯誤によって問題解決をする場合が多い。気楽に人と付き合うが、忍耐に欠け、でしゃばりと思われがちである。	直感・行動派
男の子B： アレックス 	同化型：抽象的概念と熟考的観察を好み、帰納的に考え、理論的モデルを構築する傾向にある。人より抽象的概念や理論に興味があり、実践的よりも理論的な考えを重視する。	理論派
女の子A： ゆみ 	収束型：主に抽象的概念、および能動的実験により学ぶ傾向にある。問題解決、意思決定、アイデアの実践に優れ、感情表現は少なく、対人的問題よりも技術的問題に取り組むことを好む。	アイデア実践派
女の子B： みのり 	発散型：具体的経験と熟考的観察から学ぶ傾向にあり、想像力旺盛で、価値や意義について考えることが多い。状況をさまざまな角度から見て、行動よりも観察により適応する。人とのかかわりを好み、感情を重視する。	価値・意義重視派

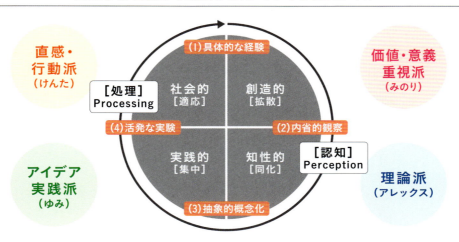

Kolb, 1984；2001に基づき筆者加筆修正

7. 多様な課題認識・キャリア観の提示

本書内では、NPO/NGOや社会起業家らの活動紹介を通じた多様な課題認識やキャリアの提示（3章）、また多数のインタビュー取材を通した企業のSDGs関連活動の紹介、その意味づけ（4章）などを通じて、ライフキャリアの考え方への理解を深めることも意図しています。

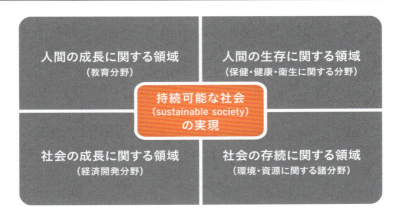

持続可能な社会に求められる"人と社会の成長・存続"（北村、2016）に基づき筆者加筆修正

本書内で提示する「ライフキャリア」とは、仕事だけでなく、家庭や学校、地域社会における役割がいくつも重なった層と位置づけています。子どもを例にすると、自身を「子ども」として認識していますが、学校では「学生」、家庭では「家族」、地域社会では「市民」など、状況の数だけさまざまな役割をもっています。その役割はライフステージに応じて変化し、多層的なライフキャリアが形成されていく点が特徴です。ライフステージにはさまざまな局面が存在し、社会ではそれに応じた参加・貢献のあり方があります。

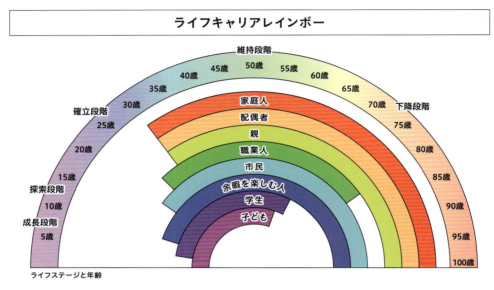

ドナルド・スーパーらの "Life Roles, Values, and Careers: International Findings of the Work Importance Study" に基づき筆者加筆修正

ライフキャリアは自分自身の個性や考え方、将来就きたい仕事、結婚や出産などのライフイベントの集合体であり、現時点で明確に思い描ける人もいれば、ごく一部分しか想像できない人もいます。進捗状況に優劣はなく、いま大事なことは「自分はどうありたいか(Be)」を明確にすることであり、「子ども」「大人」という位置づけから飛び出して自己を認識し、ありたい自分を考えることからライフキャリア形成は始まります。

8. 最後に

本書は、既版本との連動を通して活用可能なものにする「パッケージ教材」としても位置づけています。本書が、正解のない問いとともに生きる時代において、SDGsの関心・理解を深め、社会課題を自分ごと化し、態度・行動・協働を促し、探究活動を深めることに役立つことを願ってやみません。待ったなしの時代、学習と協働を連動させ、自身のあり方を模索する探究活動の充実が、持続可能な未来の構築に資すると確信しています。

ライフキャリア／SDGs 関連書籍・教材・ウェブサイト

ライフキャリア関連書籍・資料

- 『高校生のキャリア形成支援教材「高校生のライフプランニング」』（文部科学省）
- 『「個別最適な学び」と「協働的な学び」の一体的な充実を目指して』　奈須正裕・伏木久始 編著（北大路書房）
- 『協働する探究のデザイン 社会をよくする学びをつくる』　藤原さと 著（平凡社）
- 『子どもの誇りに灯をともす』　ロン・バーガー 著・塚越悦子 翻訳・藤原さと 解説（英治出版）
- 『学力テストで測れない非認知能力が子どもを伸ばす』　中山芳一 著（東京書籍）
- 『キャリア教育と社会正義 ライフキャリア教育の探究』　前田信彦 著（勁草書房）
- 『冒険の書 AI時代のアンラーニング』　孫 泰蔵 著（日経BP）
- 『働き方の哲学 360度の視点で仕事を考える』　村山 昇 著（ディスカヴァー・トゥエンティワン）

SDGs 概要書・多様な教育実践事例・アイデア集

- 『SDGs 国連 世界の未来を変えるための17の目標 2030年までのゴール 改訂新版』　日能研教務部 編（みくに出版）
- 『SDGs副教材「私たちがつくる持続可能な世界〜SDGsをナビにして〜」』（日本ユニセフ協会）
- 『未来を変える目標 SDGsアイデアブック』　Think the Earth 編（紀伊國屋書店）
- 『基本解説 そうだったのか。SDGs2020』（SDGs市民社会ネットワーク）
- 『国際理解教育実践資料集』『学校に行きたい！』『ぼくら地球調査隊』『つながる世界と日本』『共につくる 私たちの未来』（JICA）
- 『先生・ファシリテーターのための持続可能な開発目標−SDGs−アクティビティ集』『私たちが目指す世界 子どものための「持続可能な開発目標(SDGs)」』（セーブ・ザ・チルドレン・ジャパン）
- 『パートナーシップでつくる私たちの世界／国連の新しい目標−2030年に向けて−(概要編)』『パートナーシップでつくる私たちの世界−未来に向かってみんなで力を合わせて−(事例編)』（環境パートナーシップ会議）
- 『SDGs北海道の地域目標をつくろう2 SDGs×先住民族』（さっぽろ自由学校「遊」）
- 『持続可能な地域のつくり方−未来を育む「人と経済の生態系」のデザイン』　筧裕介 著（英治出版）
- 『お笑い芸人と学ぶ13歳からのSDGs』　たかまつなな 著（くもん出版）

SDGs 専門書

- 『持続可能な開発目標とは何か 2030年へ向けた変革のアジェンダ』　蟹江憲史 編著（ミネルヴァ書房）
- 『SDGsの基礎』　事業構想大学院大学出版部 編（宣伝会議）
- 『SDGsの実践〜自治体・地域活性化編〜』　事業構想大学院大学出版部 編（宣伝会議）
- 『SDGs時代の教育 すべての人に質の高い学びの機会を』　北村友人 ほか編著（学文社）
- 『SDGsとまちづくり 持続可能な地域と学びづくり』　田中治彦 ほか編著（学文社）
- 『SDGsと開発教育 持続可能な開発目標のための学び』　田中治彦 ほか編著（学文社）
- 『SDGsと環境教育 地球資源制約の視座と持続可能な開発目標のための学び』　佐藤真久 ほか編著（学文社）
- 『SDGs時代のパートナーシップ 成熟したシェア社会における力を持ち寄る協働へ』　佐藤真久 ほか編著（学文社）

- 首相官邸 持続可能な開発目標（SDGs）推進本部　https://www.kantei.go.jp/jp/singi/sdgs/index.html

- 外務省 JAPAN SDGs Action Platform　https://www.mofa.go.jp/mofaj/gaiko/oda/sdgs/index.html

- 国連（UN）SDGs公式サイト（英語）　https://www.un.org/sustainabledevelopment/

- 国連（UN）持続可能な開発・ナレッジプラットフォーム（英語）　https://sdgs.un.org/goals

- 国連広報センター（UNIC）　https://www.unic.or.jp

- 国連大学（UNU）国連大学と知るSDGs　https://jp.unu.edu/explore

- 国連教育科学文化機関（UNESCO）（英語）

  https://www.unesco.org/en/sustainable-development/education

- 日本ユニセフ協会（UNICEF）持続可能な世界への第一歩 SDGs CLUB　https://www.unicef.or.jp/kodomo/sdgs/

- 国際協力機構（JICA）SDGs（持続可能な開発目標）とJICA

  https://www.jica.go.jp/about/policy/sdgs/index.html

- 国際協力機構（JICA）SDGs（持続可能な開発目標）を学べる教材ページ

  https://www.jica.go.jp/cooperation/learn/material/sdgs.html

- ESD活動支援センター（文部科学省・環境省）　https://esdcenter.jp

- 地球環境戦略研究機関（IGES）　https://www.iges.or.jp/jp

- ユネスコ未来共創プラットフォーム　https://unesco-sdgs.mext.go.jp

- ユネスコ・アジア文化センター（ACCU）ユネスコスクール　https://www.unesco-school.mext.go.jp

- 地球環境パートナーシッププラザ（GEOC）　https://www.geoc.jp

- SDGs市民社会ネットワーク　https://www.sdgs-japan.net

- 地方創生SDGs官民連携プラットフォーム　https://future-city.go.jp

- グローバル・コンパクト・ネットワーク・ジャパン（GCNJ）　http://www.ungcjn.org

- 日本環境教育フォーラム（JEEF）　https://www.jeef.or.jp

- 消費者教育支援センター（NICE）　https://www.consumer-education.jp

- 開発教育協会（DEAR）　https://www.dear.or.jp/book/

- 全国地球温暖化防止活動推進センター（JCCCA）　https://www.jccca.org

- 教育協力NGOネットワーク（JNNE）SDG4教育キャンペーン2024　http://www.jnne.org/sdg2024/

- 日本ユネスコ協会連盟　https://www.unesco.or.jp

- Save the Children SDGsページ　https://www.savechildren.or.jp/lp/sdgs/

- EduTown SDGs　https://sdgs.edutown.jp

- Think the Earth　http://www.thinktheearth.net/jp/

- ETIC. 社会課題解決中MAP　https://2020.etic.or.jp

- SDGs高校生自分ごと化プロジェクト　https://www.gyakubiki.net/sdgs/

- グローバル教育推進プロジェクト（GiFT）　https://j-gift.org

参考書籍＆教材の紹介

本書の内容をさらに掘り下げるための書籍や授業で使える教材集をご紹介します。

『SDGsと環境教育 地球資源制約の視座と持続可能な開発目標のための学び』（学文社）
佐藤真久、田代直幸、蟹江憲史 編著

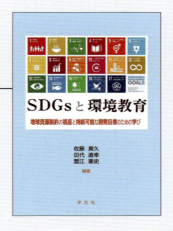

SDGsにかかわる教育を環境的な側面から掘り下げる

SDGsを環境的側面から掘り下げ、SDGsにおける環境教育的な視座を提供する『SDGsと開発教育』の姉妹本。環境教育の歴史やカリキュラムについて解説する第1部、SDGsをはじめとする環境理論について取り扱う第2部、地球環境と気候変動問題について掘り下げる第3部、コミュニティやパートナーシップを取り扱う第4部からなる。特に本書と関連するのは第3部の第11章の「持続可能な生産と消費，ライフスタイルの選択」で、消費と生産システムについて取り扱い、ライフスタイルに影響を及ぼすステークホルダー連携（パートナーシップ）についても言及されている。

詳細はこちら

「消費者教育教材資料表彰」受賞教材（公益財団法人 消費者教育支援センター）

「消費者教育」の優れた教材が一堂に

学校における消費者教育の充実・発展を目的に行政、企業・業界団体、消費者団体等から教材を募集し、教育現場で役立つ優秀な教材を表彰する、消費者教育支援センター主催の「消費者教育教材資料表彰」。選考委員会の厳正な審議を経て優秀賞を決定。その教材を教員が実際に授業で使用した評価をもとに「内閣府特命担当大臣賞」「消費者庁長官賞」「消費者教育支援センター理事長賞」として選出される。ウェブサイトでは、過去9年分の優秀賞受賞の教材が検索でき、教材ダウンロードページなどにダイレクトにアクセスできる。「最適な教材を探す時間が取れない」「最新の教材情報が知りたい」というニーズにも応じてくれる。

消費者教育教材資料表彰はこちら

優秀賞教材検索はこちら

監修・編集協力・寄稿者

監修

佐藤 真久 （さとう まさひさ） 東京都市大学大学院 環境情報学研究科 研究教授

筑波大学、同大学院を経て、英国国立サルフォード大学にてPh.D取得（2002年）。地球環境戦略研究機関（IGES）の第一・二期戦略研究プロジェクト研究員、ユネスコ・アジア文化センター（ACCU）の国際教育協力シニア・プログラム・スペシャリストを経て、現職。SDGsを活用した地域の環境課題と社会課題を同時解決するための民間活動支援事業委員長、国際連合大学サステイナビリティ高等研究所客員教授、北京師範大学客員教授、UNESCO ESD-GAPプログラム（PN1：政策）共同議長、ユネスコ未来共創プラットフォーム事業運営協議会座長、JICA技術専門委員（環境教育）、特定非営利活動法人ETIC.理事などを歴任。現在、責任ある生活についての教育と協働（PERL）国際理事会理事、UNESCO-ESD for 2030 フォーカルポイント、IGESシニア・フェローなどを務める。協働ガバナンス、社会的学習、中間支援機能などの地域マネジメント、組織論、学習・教育論の連関に関する研究を進めている。

編集協力

NPO法人 ETIC.（エティック）

社会の未来をつくる人を育む認定NPO法人。1993年の創業以来、政府や大学、大手企業、先輩経営者など、さまざまなプレイヤーと手を組みながら、大学生や20代の若者たちが「社会の課題や未来」について考え、実践する機会づくりを行っている。大学生を対象としたイノベーションスクール「MAKERS UNIVERSITY」、社会課題解決を目指す起業家支援プログラム「社会起業塾」などを通して、これまで1,900人以上の起業家を輩出してきた。

寄稿

木村 有里 （きむら ゆり） 中央大学国際経営学部 教授

アジア経営、異文化経営が専門。神奈川県横浜市出身（9歳までタイ東北部コンケンに育つ）。東京外国語大学外国語学部東南アジア学科卒業。横浜市立大学大学院経営学研究科博士（後期）課程単位取得退学。2019年より現職。現在の研究課題は、在ASEAN日系企業のダイバーシティ・マネジメントおよび人権の扱いについて、また、学会の活動を通じて経営学教育、経営学教科書の検討も進めている。著書に『知足社会のなかの経営－日・タイ協働への視座』（2018年、文眞堂）、『新版ストーリーで学ぶマネジメント－組織・社会編』（共著、2019年、文眞堂）。

本書は「SDGs未来会議」プロジェクトの一環として制作されています

私たちは、「SDGs未来会議」プロジェクトを応援します。

 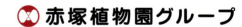

SDGs未来会議とは

「持続可能な開発目標（SDGs）」の達成という大きなゴールに向け、SDGsの意義や狙いを幅広い人たちに理解してもらい、一人ひとりの行動につなげていくことを目的に実施するプロジェクトです。これまで「SDGs子供サミット」などのイベント開催、『未来の授業』書籍シリーズの発行、公式YouTubeチャンネルの解説・運営などを実施しています。

主催：SDGs未来会議実行委員会（株式会社宣伝会議・学校法人 先端教育機構）

協賛／授業・研修でのご利用／
書籍の一括購入／出張授業開催などに
関するお問い合わせはこちらから SDGs未来会議　検索🔍　
https://www.sdgs-miraikaigi.com/

宣伝会議の出版物

本書と併せて、ぜひ御覧ください。

サステナブル×イベントの未来
オランダ・スウェーデンで出会った12のマインドスイッチ

イベント制作のプロたちが、オランダ・スウェーデンへの視察で得た知見をもとに、サステナブルイベント実現のための12の「マインドスイッチ」を提案。イベントに関わる人たちが「自分ゴト化」へのスイッチを入れるための1冊。

大髙良和・松野良史・西崎龍一朗著
定価：2,200円（税込）
ISBN：978-4-88335-615-7

WHAT IS DESIGN? デザインの見方
トップクリエイター50人の視点と原点

月刊『ブレーン』の人気連載「デザインの見方」が書籍化。最前線で活躍するトップクリエイター50人が、それぞれ影響を受けたデザインの例を紹介しながら、「デザインとは何か」というテーマで自身の視点・原点を語る。

月刊『ブレーン』編集部編
定価：2,200円（税込）
ISBN：978-4-88335-601-0

企業が成長し続けるための7つのステップ
パーパスの浸透と実践

パーパス・ブランディングに日本ではやくから取り組んできた著者が、パーパス策定後に多くの企業が陥る課題にスポットを当て、パーパス実現への道のりとその具体的な事例や実践的なアプローチを紹介する。

齊藤三希子著
定価：2,420円（税込）
ISBN：978-4-88335-613-3

パーパス・ブランディング
「何をやるか？」ではなく、「なぜやるか？」から考える

近年、広告界を中心に注目され、ムーブメントになりつつある「パーパス」。これまで海外事例で紹介されることが多かったパーパスを、著者はその経験と知見からあらゆる日本企業が取り組めるように本書をまとめた。「パーパス・ブランディング」の入門書となる1冊。

齊藤三希子著
定価：1,980円（税込）
ISBN：978-4-88335-520-4

広告コピーってこう書くんだ!読本
〈増補新版〉

2007年に発売された広告コピーのベストセラー教本が、増補新版になってカムバック。旧版の内容に加えて、2020年代の視点から内容を振り返った「後日談」を増補し、デジタルやSNS時代のコピーのあり方についても言及する。

谷山雅計著
定価：2,200円（税込）
ISBN：978-4-88335-602-7

言葉からの自由
コピーライターの思考と視点

TCC賞受賞などで近年注目されているコピーライター三島邦彦氏。初の著書となる本書では、自身がコピーライターになってから現在に至るまで、コピーを書くこと・考えることにおいて実践してきた、さまざまな断片を集めました。

三島邦彦著
定価：2,200円（税込）
ISBN：978-4-88335-593-8

各商品に関する詳しい情報はホームページをご覧ください。

世界を変えたクリエイティブ 51のアイデアと戦略

現代におけるコミュニケーションの真理を9つの要素に整理、カンヌライオンズの受賞事例と共に、その課題と解決方法のヒントを紹介する。また、51の事例の日本語字幕付き動画のQRコードを掲載。映像を見ながら、本書で学ぶことができる。

dentsu CRAFTPR Laboratory 著
定価：2,530円（税込）
ISBN：978-4-88335-585-3

好奇心とクリエイティビティを引き出す 伝説の授業採集

カテゴリーと時空を超えて世界中から集めた、面白くて、為になり、一生忘れない「伝説の授業」20選。自分の中の凝り固まった「思考バイアス」をほぐして、新しい発想・思考を手に入れることができる1冊。

倉成英俊著
定価：2,090円（税込）
ISBN：978-488335-550-1

SDGsの基礎 なぜ、「新事業の開発」や「企業価値の向上」につながるのか？

SDGsの基本的な内容や成り立ち、政府の取り組みはもちろん、企業の取り組みも多数紹介。経営者・経営企画・CSR担当者から、新社会人、学生まで、SDGsに取り組むすべての方に向けた書籍。

事業構想大学院大学 出版部編、沖大幹・小野田真二・黒田かをり・笹谷秀光・佐藤真久・吉田哲郎著
定価：1,980円（税込）
ISBN：978-488335-441-2

SDGsの実践 自治体・地域活性化編

自治体職員や地域活性化に取り組む地域企業の方を念頭に、考え方や取り組み事例等を紹介。地方自治体としてSDGsを理解・活用したい、地域課題を解決する人材を育成したいという方におすすめです。

事業構想大学院大学 出版部編、村上周三・遠藤健太郎・藤野純一・佐藤真久・馬奈木俊介著
定価：1,980円（税込）
ISBN：978-488335-464-1

希望をつくる仕事 ソーシャルデザイン

ソーシャルデザインとは、自分の「気づき」や「疑問」を、社会をよくすることに結びつけそのためのアイデアや仕事をデザインすること。そのアイデアを35の事例で紹介するソーシャルデザインの入門書。

ソーシャルデザイン会議実行委員会編著
定価：1,650円（税込）
ISBN：978-488335-274-6

地域の課題を解決する クリエイティブディレクション術

クリエイティブディレクターとして、全国38の都道府県で自治体や企業、NPOなどの案件を率いてきた筆者による、地域プロジェクトならではのディレクション術。地域活性化を目指す自治体やローカル企業の仕事で成果を出すための方法論を説く。

田中淳一著
定価：1,980円（税込）
ISBN：978-488335-529-7

マーケティング・クリエイティブの事例研究に
宣伝会議の雑誌

Marketing & Creativity 宣伝会議

ご購入はホームページで。

宣伝会議
最新動向がつかめる宣伝・広告・マーケティングの専門誌

毎月1日発売　1,500円（税込）

販促会議
「人が集まる」「商品が売れる」ためのアイデアが揃う販売促進の専門誌

毎月1日発売　1,500円（税込）

広報会議
情報伝達スキルが身につく日本で唯一の広報専門誌

毎月1日発売　1,500円（税込）

ブレーン
アイデア・発想を広げる広告クリエイティブの専門誌

毎月1日発売　1,500円（税込）

全誌デジタル版、配信中。
デジタル版なら、記事を全部検索。
あの会社の広告事例もまとめて見ることができる！

1誌　　　　月額1,100円（税込）
4誌セット　月額3,960円（税込）

全誌デジタル版 好評配信中

環境ビジネス アカデミア
スチューデントクラブ

創刊から27年目を迎える環境ビジネス。未来の地球環境を守るため、今の小中高生から環境に対して意識をもって考えてほしいという願いを込め、新サービス「環境ビジネス アカデミア ステューデントクラブ」をスタートしました。

教職員の皆様へ

世界・日本の環境に関する動き、ポイントが簡潔にまとめられており中学生・高校生が読んでもわかりやすい内容になっています。SDGsをはじめ環境テーマの授業にご活用ください。学生（小・中・高・大学生）はもちろん、教員の方もサービスをご提供します。

季刊誌「環境ビジネス」「環境ビジネスオンライン」は1998年京都会議の翌年に創刊し「環境」をテーマに様々な話題を取り上げている雑誌です。世界・日本の気候変動の動き、最新情報を毎号お届けしています。

学生は全員無料！
高校生、大学生、大学院生、教員の皆様

在学中は、『環境ビジネスオンライン』有料会員と同等の、すべての機能を「無料」でご利用いただけます

Point 1 サイト内の全記事・全コラム読み放題。
▶ 環境ビジネスオンラインの注目ニュース・最新トレンド・政策・企業情報・解説記事など

Point 2 季刊誌「環境ビジネス」の最新号からバックナンバーの記事まですべて無料で購読。
▶ 2008年から約12年分の記事をすべて閲覧できます

Point 3 会員登録者限定のイベントへ、優先招待。
▶ スチューデントクラブ会員限定のイベント開催　※イベント開催準備が整い次第順次メールにてご案内

活用事例
- 世界、日本で起こっている環境問題の調べものに
- 探究授業の資料として

「環境ビジネス アカデミア スチューデントクラブ」はこちらから ▶

株式会社宣伝会議　環境ビジネス本部　お問合せ先：cs@kankyo-business.jp

未来の授業
SDGs×ライフキャリア探究BOOK
ゆみ、サステナブルファッションに出会う!? 編

発 行 日	2024年12月27日　初版第一刷発行
発 行 者	東 彦弥
発 行 所	株式会社宣伝会議 〒107-8550　東京都港区南青山3-11-13 Tel.03-3475-3010（代表） https://www.sendenkaigi.com/
監　　修	佐藤真久
編集協力	NPO法人ETIC.
特別協力	松原佳代、鎌田弘美
制作進行	株式会社広瀬企画
マ ン ガ	柏原昇店
イラスト	岡村亮太
印刷・製本	TOPPANクロレ株式会社

ISBN 978-4-88335-616-4　C0036
ⓒ Sendenkaigi.Co.,Ltd 2024
Printed in Japan

※無断転載禁止。乱丁・落丁本はお取り替えいたします。
※本書はFSC®森林認証紙、ベジタブルインクを使用しています。